SAÏD ET PILULE

Deux amis dans la guerre d'Algérie

W0241908

DU MÊME AUTEUR DANS
Le Livre de Poche Jeunesse

La vie galopante d'Alexandre Dumas

DANIEL ZIMMERMANN

SAÏD ET PILULE

Deux amis dans la guerre d'Algérie

HACHETTE
Jeunesse

© Hachette Livre, 1998, 2002
pour la présente édition.

À Robin et à Lucie

PREMIÈRE PARTIE

SUR LE PLATEAU DE SAVIGNY-SUR-ORGE

1

La fine équipe

« Hé ! mon frère, dit Saïd la bouche pleine, tu ne m'as jamais raconté pourquoi on t'appelle Pilule.

— D'abord, je ne suis pas ton frère ! Je n'ai qu'une sœur jumelle et ça me suffit amplement, toujours dans mes pattes, la Janine.

— Elle est pourtant très jolie.

— Doucement les basses, tu veux ? Ma frangine n'est pas pour ta pomme.

— Qu'est-ce que j'ai dit de mal ? »

Rien, et c'est bien ce qui contrarie Pilule. Il réfléchit, tout en achevant de manger le contenu de sa gamelle. Pourquoi donc a-t-il pris la mouche sur la remarque de Saïd ? C'est vrai qu'elle est mignonne, Janine. Le constater n'a donc rien d'anormal, alors quoi ? Pilule hoche la tête, il connaît la réponse à ses questions. Saïd a beau être son compagnon de travail et faire partie du même club sportif que lui, il n'en est pas moins un Arabe et il ne faudrait pas qu'il se fasse des idées à propos de Janine, on ne mélange pas les serviettes avec les torchons. Immédiatement Pilule a honte de ce qu'il vient de penser, un sale raciste voilà ce qu'il est, le comble en ce moment avec les événements qui se passent en Algérie, à croire, selon la frangine, qu'on est en train de recommencer une guerre comme celle d'Indochine qui s'est achevée en 1954, il y a tout juste un an. Pilule essaie de rattraper son accès d'humeur contre Saïd demeuré également silencieux, il lui tend une part de tarte.

« Tiens, puisque tu n'as pas de dessert.

— Non merci, je n'ai plus faim.

— Allons, ne m'en veux pas pour tout à l'heure, j'ai dit n'importe quoi. Tu sais, la tarte, c'est ma mère qui l'a faite et tu m'en diras des nouvelles. À la bonne heure !... Hein, qu'elle est bonne ? N'empêche, c'est quand même à cause de ma chère maman si je suis devenu Pilule.

— Comment ça ?

— Eh bien, quand j'étais petit, je ne l'étais pas pour du beurre. Alors ma mère, elle me filait des tas de médicaments pour que je grandisse. “Et n’oublie surtout pas de prendre tes pilules à la cantine”, me rabâchait-elle chaque jour devant tout le monde en m’accompagnant à l’école. “Pilule, Pilule !” se foutaient de moi les copains. Le surnom m’est resté mais, comme tu le vois, ça n’a pas eu beaucoup d’effet sur ma taille.

— Oh, tu n’es pas si petit que ça. Et si tu veux, je ne t’appellerai plus ainsi.

— Penses-tu ! J’y suis tellement habitué que je trouve ridicule d’être Jean Dubois pour l’état civil. Pilule, c’est bien plus original. »

Les deux jeunes hommes éclatent de rire. Ils se lèvent, vont nettoyer leurs assiettes dans un tonneau d’eau. Loin sur la route, un bruit de camion poussif, c’est celui du père Marozi, le patron qui est allé déjeuner chez lui. Saïd et Pilule se regardent, s’adressent un clin d’œil, inutile de parler pour se comprendre : il y a longtemps qu’ils n’ont pas fait monter la tension du « singe ». Ils retournent s’asseoir à l’ombre, au pied de l’échafaudage. Pilule débouche une bouteille Thermos, il sert le café dans les verres. Saïd et lui le sirotent en affectant de ne pas remarquer l’arrivée du patron.

« Non mais, ils se croient encore en vacances ces deux-là ! explose le père Marozi. Allez ouste, la fine équipe, au boulot, la pause est finie. »

Ni Pilule ni Saïd ne bronchent sous les injonctions qui se transforment vite en injures. Ils achèvent tranquillement leur café, rangent leurs couverts dans leurs sacs de plage et seulement alors ils lèvent ensemble les yeux vers le père Marozi.

« Ah c'est vous, patron ! déclare Saïd sans rire. On ne vous avait pas entendu venir. C'est bon, c'est bon, on y va. »

Le soleil cogne dur en ce début septembre 1955. Sur l'échafaudage, Pilule a trop chaud. Il a beau travailler en short, la sueur dégouline sur son visage comme sur son torse nu. Il envie Saïd qui ne craint pas la canicule et peut rester des heures sans boire une goutte, un vrai chameau de ce point de vue, mais un excellent maçon, même le père Marozi le reconnaît. Pilule non plus ne chôme pas, à ce train-là, d'ici à la fin de la semaine le bâtiment sera hors d'eau, c'est-à-dire que le pavillon en cours de construction sera recouvert de tuiles. Le père Marozi, immigré italien, hissera un drapeau français sur le toit et le client devra payer à boire, c'est la tradition. Le singe avalera verre sur verre de vin, tout en se moquant des deux compagnons :

« Regardez-moi un peu cette fine équipe ! De vraies fillettes avec leur limonade. Moi, à votre âge, je descendais déjà mon litre de rouge en cinq sec.

— Bravo, patron, répondra Saïd, sauf que vous ne jouiez pas au foot comme nous.

— Et qu'est-ce que tu en sais ? rétorquera le

singe. D'accord, je n'étais pas sur le terrain mais chez moi, à Turin, la Juve n'avait pas de meilleur supporter que moi.

— Parlons-en de votre Juventus, cette bande de minables, répliquera Saïd. Ils n'arrivent même pas à la cheville de Reims. »

Et ainsi de suite. Durant ce tournoi sportif entre Saïd et le père Marozi, Pilule se contentera de compter les buts. Lui, ce qui l'intéresse principalement dans le football, c'est son groupe de copains du Club olympique de Savigny-sur-Orge. Un peu lourd, pas très rapide, il joue en seconde réserve, alors que Saïd aux longues jambes est le meilleur attaquant de l'équipe deuxième, avec bon espoir d'être titularisé la saison prochaine en première.

« Hé ! Pilule, tu ne viens pas ce soir à l'entraînement ? demande Saïd en s'aspergeant d'eau à la fin du travail.

— Je te rejoindrai au stade plus tard. Il faut d'abord que j'aille chercher ma petite jumelle à sa sortie d'atelier, les rues ne sont pas sûres pour une jeune fille bien.

— Et elles sont encore plus dangereuses pour deux jeunes filles comme il faut, ajoute Saïd en insistant sur le *deux*. Mais enfin, puisque tu es habillé en dimanche, elles n'auront rien à craindre des satyres, ni l'une ni l'autre. »

Pilule sourit sans répondre. Devant un miroir de

poche il noue sa cravate, se recoiffe longuement. Il enfile le veston croisé de son costume, ajuste les pinces serre-jambes au bas de son pantalon et en selle sur son vélo demi-course. Il pédale sans se presser à travers les lotissements pavillonnaires du plateau de Savigny-sur-Orge. Lampco, la fabrique d'ampoules électriques où travaillent sa sœur Janine et, surtout, sa meilleure amie Geneviève, ne ferme qu'à dix-huit heures. Un peu partout sur les poteaux, des affiches annoncent le grand tournoi triangulaire d'ouverture de la saison de football, dimanche prochain, entre l'Union sportive de Juvisy-sur-Orge, le Sporting-Club de Sainte-Geneviève-des-Bois et le Club olympique de Savigny, incontestablement les trois meilleures équipes de la banlieue sud de Paris. Saïd, Janine, Geneviève et lui en seront spectateurs. Geneviève et lui, lui et Geneviève, Pilule se met à siffloter la chanson de Gilbert Bécaud :

Le jour où la pluie viendra
Nous serons toi et moi
Les plus heureux du monde...

sauf que ce jour n'est pas pour demain. Pilule soupire, encore deux ans de patience. Il part à l'armée dans six mois. D'accord, les fiançailles officielles auront lieu avant, mais dix-huit mois de service et le mariage seulement après, c'est bien long. Sans compter que Geneviève est très surveillée par ses parents. À vingt ans ils ne l'autorisent à sortir que le samedi soir, permission de minuit, et le dimanche après-midi. Elle en rajoute encore sur ces conditions draconiennes, refusant tout tête-à-tête avec lui en un lieu isolé. Alors restent le cinéma, le bal, la fête foraine ou le stade, le plus souvent en bande et devant les copains, il faut se contenter d'enlacements chastes et de baisers non appuyés. Enfin, c'est comme ça et, au fond de lui-même, Pilule préfère que sa promise soit trop sage que pas assez.

Il traverse le boulevard Aristide-Briand, l'artère centrale de Savigny. Il accélère le long de la Vanne qui alimente en eau potable une partie de Paris. Il sprinte en vue de la rue de la Montagne-Pavée, puis, en roue libre, il se laisse aller à vive allure dans la descente sinueuse de la vallée de l'Orge. Parvenu dans le vieux Savigny, il freine devant chez Lampco, pas du tout mécontent de tenir la grande forme après une journée de travail commencée ce matin à sept heures.

« Le contremaître a encore augmenté les cadences ! »

Janine et Geneviève sont indignées. Poussant son vélo d'une main, tenant la taille de sa fiancée de l'autre, Pilule est un peu vexé, Geneviève ne semble pas avoir remarqué qu'il s'est fait beau pour elle. Il s'efforce toutefois d'écouter, en approuvant, les revendications des deux jeunes filles. C'est vrai, ce ne doit pas être marrant de passer ses huit heures devant un tour, à bobiner des fils électriques ou à souder des culots de lampe de plus en plus vite, les yeux et les nerfs en prennent un sacré coup. Au moins dans le métier de maçon, on vit au grand air et on est davantage libre. Bien sûr, le père Marozi y va de temps en temps de sa gueulante, mais il se calme vite et, du moment que les délais promis aux clients sont respectés, il ne s'oppose pas à ce qu'on lève un peu le pied. Pauvre Geneviève ! Oh, mais elle ne va pas continuer à trimer comme une bête pendant des siècles.

« Je te promets, ma chérie, déclare-t-il gravement, dès que je rentre de l'armée, on se marie et je me mets à mon compte. Ainsi tu pourras rester à la maison pour t'occuper de la comptabilité, des paperasses et des gosses. »

Geneviève lui sourit et le récompense d'un baiser. Pilule cherche à le prolonger. Elle le repousse doucement, voyons pas dans la rue. Janine se moque de lui, bon, voilà Geneviève à la tête d'une superentreprise et superenquiquinée : doit-elle rouler en Rolls ou bien en Jaguar ? Décidément, il est grand temps que Janine se dégotte elle aussi un riche milliardaire. Pilule s'esclaffe, elle n'en prend guère le chemin. Il ne lui connaît aucun amoureux, même pas un simple flirt. Dans les sorties en bande, elle plaisante, rit, danse avec l'un ou avec l'autre, sympa avec tous, sans plus. Elle décourage gentiment ceux qui tentent de lui faire la cour et assure préférer rester vieille fille si elle ne rencontre pas le grand amour, pour elle c'est tout ou rien.

« Tiens, tu t'es mis en costume, ironise-t-elle après que Geneviève est rentrée chez elle, rue des Fauvettes. C'est ta nouvelle tenue pour l'entraînement ?

— Fin comme du gros sel ! Bon, puisque je passe à la maison pour me changer, je te ramène sur ma Rolls. Allez, la petite, grimpe sur le porte-bagages.

— Je ne suis ni un bagage ni une petite. J'ai deux centimètres de plus que toi et tu me dois le respect. »

Leur éternel sujet de prise de bec, Pilule prétendant à l'inverse que sa sœur jumelle triche quand on les mesure et que c'est lui le plus grand des deux. À part ça, ils s'entendent comme larrons en foire depuis l'enfance, même si à présent Pilule trouve pesant que Janine le laisse rarement seul avec Geneviève. Ils n'habitent pas loin les uns des autres. Le frère et la sœur parviennent vite à leur pavillon de l'avenue des Mésanges. Pilule pose son vélo contre la grille du jardin, il entre en coup de vent dans la cuisine, embrasse sa mère.

« Salut, m'man, hum, ça sent bon !

— Tu ne vas pas à l'entraînement ce soir ?

— Si ! Juste le temps de me changer et je file, je suis déjà en retard.

— Tâche d'être rentré pour huit heures, Jeannot. Tu sais que ton père aime dîner à l'heure. »

Cette manie qu'a sa mère de l'appeler par ce diminutif, et pourquoi pas Jeannot-Lapin pendant qu'elle y est. Pilule enfile son survêtement, saisit son sac de sport et se hâte vers son vélo. Il pédale ferme en direction du stade, presque sept heures, M. Coulon, l'entraîneur, va encore lui savonner les oreilles pour son retard. Ce n'est pas le cas, l'arrivée de Pilule passe même inaperçue. À sa grande surprise, il n'y a personne sur le terrain. Joueurs et dirigeants sont réunis près des vestiaires, tous font des têtes d'enterrement.

« Que se passe-t-il ? demande Pilule à Saïd.

— La catastrophe ! répond son ami. Sept gars sont rappelés à l'armée, dont trois de l'équipe première et, tiens-toi bien, José est de ceux-là. Dans deux jours il doit être à Marseille, direction mon pays. Les autres sont convoqués dans leurs anciennes casernes un peu partout en France.

— Oh non, pas José ! » murmure Pilule.

José Da Silva est le capitaine et le meilleur buteur de l'équipe première, sans lui l'attaque est désorganisée. Mais le pire, pense Pilule, ce n'est pas tant de perdre le tournoi de dimanche, le pire, c'est pour

José lui-même dont la femme vient d'avoir un bébé et qui vient juste de faire construire sa maison.

« Je me suis renseigné pour la solde, dit sombrement José. Ce sera mieux que pendant mes dix-huit mois de service, mais ça fera à peine la moitié de mon salaire actuel. Vraiment, je ne vois pas comment ma femme va s'en sortir avec le gosse et le remboursement des traites.

— C'est dégueulasse ! s'exclament certains.

— Mais qu'est-ce qu'on peut faire ? s'interrogent d'autres.

— Eh bien, on peut signer des pétitions, manifester, agir pour que le gouvernement négocie avec les représentants du peuple algérien, propose Dédé Truffault, le goal en titre.

— Oh, vous les communistes, vous avez toujours les solutions miracles dans la poche, répond José d'un ton amer. Souviens-toi, Dédé, je les ai signées tes pétitions et ça a servi à quoi ? À m'empêcher de partir en Algérie ?

— On peut au moins t'accompagner demain soir à la gare, reprend Dédé Truffault.

— Si vous faites ça, les gars, c'est que vous êtes sympas, dit José en s'efforçant de sourire. Mais l'entraînement, m'sieur Coulon ?

— Personne n'a le cœur à s'entraîner ce soir, répond le dirigeant. Et demain nous serons tous avec toi jusqu'au départ du train. »

Saïd et Pilule sortent ensemble du stade. Ils marchent côte à côte, Pilule pousse son vélo. À haute voix, il rumine sombrement. Bientôt ce sera son tour d'être appelé sous les drapeaux et lui aussi il faudra bien qu'il y aille en Algérie, à moins que tous ces événements ne soient terminés avant ? Saïd secoue la tête, non, c'est une vraie guerre et elle sera longue avant l'indépendance de son pays. Lui, il n'a pas encore dix-neuf ans et donc encore le temps mais, le moment venu, pour rien au monde il ne sera soldat de l'armée française contre ses frères. Chemin faisant, Pilule et Saïd empruntent la rue des Chardonnerets. Ils passent devant la belle maison du père Marozi. Celui-ci prend le frais sur le pas de sa porte. Il répond au bonsoir des deux amis avec un sourire :

« Décidément, la fine équipe ne peut jamais se séparer.

— Tu sais, dit Saïd à Pilule un peu plus loin, si je me retrouve au maquis et toi en face, je ne te tirerai pas dessus.

— Moi si, déclare sans rire Pilule, mais à côté. »

2

Une soirée ordinaire

Pilule et Saïd se séparent sur le boulevard Aristide-Briand. Le premier retourne à bicyclette avenue des Mésanges. Le second se dirige à pied vers *Les Tilleuls* où il loge. En fait, il n'a pas choisi cet hôtel, son père y était déjà pensionnaire et l'y avait fait venir six ans auparavant. Jusqu'alors, Saïd habitait avec sa mère et ses sœurs à Sidi-Aïssa, un village perdu sur les hauts plateaux de l'Oranais, non loin de la frontière marocaine. La vie y était rude, mais simple. On y mangeait presque à sa faim, sauf si le mandat mensuel du père n'arrivait pas à la date prévue. Le matin, Saïd aidait sa mère au jardin, un petit bout de terrain, car il y avait plus de rochers que de terre dans ces montagnes et il fallait aller la chercher loin dans la vallée, puis la remonter dans des corbeilles que l'on portait sur la tête. L'après-midi, il jouait avec ses copains ou bien il accompagnait dans le djebel son oncle Bachir, le meilleur chasseur de l'arrondissement de Sebdou.

« Quand tu auras douze ans, je t'apprendrai à tirer », lui avait promis Bachir Metref, le frère de sa mère.

L'oncle Bachir avait tenu parole et, très fier, Saïd avait rapporté à la maison son premier gibier. Quelques mois après, une lettre était arrivée avec le mandat du père. Comme personne ne savait lire dans le village, que Saïd n'était jamais allé à l'école non plus, la mère avait escaladé tout le djebel Ajaj pour montrer la lettre au marabout, un saint homme qui vivait seul là-haut. L'ermite en avait pris connaissance, avant d'expliquer :

« Ton mari a dicté cette lettre à un ami. Il veut que ton fils le rejoigne en France afin qu'il commence à travailler. »

Et Saïd s'était retrouvé à Savigny-sur-Orge. De suite le père Marozi l'avait pris comme apprenti, bien qu'il n'ait pas encore quatorze ans, mais sous réserve qu'il suive les cours du soir de la promotion sociale. Saïd y avait appris le français parlé et écrit, tout en gravissant les échelons de la profession de maçon : « mousse », manœuvre et compagnon depuis peu. Tous les ans il retournait au pays et il passait ses trois semaines de congés payés à chasser, au point qu'il était devenu presque aussi bon tireur que son oncle. À Savigny il s'était inscrit au football, rêvant d'égaler ses idoles, les Zitouni, les Ben Tifour, les Boubekeur, les Mekloufi, des compatriotes partis de rien et qui évoluaient maintenant comme professionnels en première division, voire comme internationaux dans l'équipe de France. Là-dessus, un soir d'hiver, le père avait été renversé par un chauffard qui avait pris la fuite. Devenu invalide, incapable de travailler, sans la moindre pension, il avait décidé de rentrer à Sidi-Aïssa, non sans déclarer à Saïd :

« Comme je ne suis plus bon à rien, désormais ta mère et tes sœurs ne peuvent compter que sur toi. »

Du coup Saïd ne s'autorisait plus le moindre loisir coûteux, rognant sur ses dépenses, ne mangeant de la viande que le dimanche, se privant de vacances afin d'économiser l'argent du voyage. Ainsi il parvenait à envoyer la moitié de sa paie à sa famille. Les temps étaient en train de changer. En novembre dernier, le Front de libération nationale avait déclenché l'insurrection en Algérie. Aux *Tilleuls,* la population du petit hôtel s'était modifiée. Bien sûr, il s'agissait toujours d'hommes célibataires mais, au fil des mois, les Français, les Espagnols, les Portugais avaient quitté l'établissement, lassés des continuelles descentes de police ou inquiets de la tournure des événements. C'est que, même entre Algériens, la tension montait.

D'un côté, il y avait ceux du Mouvement national algérien, qu'on appelait « les messalistes », du nom de leur vieux leader Messali Hadj.

De l'autre, il y avait les partisans du F.L.N., du Front comme on disait, qui s'était constitué en rupture violente avec le M.N.A.

« Vous n'êtes que des attentistes et des lâches qui vous rendez complices des Français ! » proclamaient ceux du Front.

Et Saïd les approuvait.

« Vous n'êtes que des aventuriers irresponsables qui allez conduire notre peuple au massacre », répliquaient les messalistes.

Les discussions devenaient de plus en plus violentes, hier soir on en était presque venu aux mains. À son entrée dans le restaurant, Saïd est frappé par la répartition des deux blocs dans la salle. Les messalistes mangent en silence, sombres, le nez dans leur assiette. À l'opposé, les partisans du Front paraissent très gais, exubérants. Saïd s'efface pour laisser passer M. Khelifa, le doyen des *Tilleuls*, avant de le suivre vers leur table.

« Salut et bienvenue, frères ! leur crie de loin Ahmed, le responsable du Front pour l'hôtel.

Connaissez-vous la bonne nouvelle ? Non ? Eh bien, notre glorieuse Armée de libération nationale a remporté aujourd'hui sur notre sol une grande victoire. Tout à l'heure à la radio, les Français ont avoué avoir perdu dix-neuf tués, treize blessés et deux disparus dans une embuscade.

— Alors pour fêter ça, dit M. Khelifa avec un large sourire, j'offre une tournée générale. Patron, le pastis pour tout le monde, même pour ces bourricots de messalistes !

— Désolé, monsieur... désolé, frère, répond Ahmed en secouant négativement le doigt en direction du patron, mais le Front vient d'interdire aussi bien de boire de l'alcool que de fumer. Cet ordre est immédiatement exécutoire sous peine des représailles les plus terribles, pouvant aller d'une lourde amende jusqu'à couper le nez et les lèvres des contrevenants récidivistes.

— Puisque le Front l'a décidé, c'est bien ! s'incline M. Khelifa. Pour le pinard, ça ne va pas beaucoup me priver, j'en bois si peu. Mais ce qui va me manquer le plus, c'est ma cigarette à la fin des repas. »

Cela ne gênera nullement Saïd, un sportif ne fume pas. Pourtant, tout en dévorant une énorme portion de semoule seulement accompagnée de légumes, il interroge Ahmed sur le pourquoi de cette interdiction, c'est pour se conformer à la religion qui recommande la même chose ? Le responsable prend un ton de maître d'école, ce n'est pas qu'une affaire de religion, lui par exemple il n'est pas croyant, c'est à la fois et pour boycotter des produits français et pour mieux affirmer leur identité algérienne. Comme d'habitude, Ahmed a parlé suffisamment fort pour que toute la salle l'entende. La majorité des pensionnaires l'approuve bruyamment. Un messaliste se lève, s'approche de lui et, d'un grand geste théâtral, dépose un paquet de gauloises sur la table.

« Moi aussi, frère, je renonce à fumer. J'ai beaucoup réfléchi à ce que tu nous expliques soir après soir et, maintenant, moi aussi je suis persuadé que le Front a eu raison de déclencher la lutte armée. Donc, pour la soutenir, dès ma prochaine paie je te remettrai ma cotisation, et non plus à eux, ajoute-t-il en désignant du pouce par-dessus son épaule ceux avec qui il vient de rompre.

— Attention, les flics ! »

Un silence de mort s'établit dans le restaurant. Dehors des coups de sifflet retentissent. La porte s'ouvre avec fracas. Casqués, pistolet ou mitraillette au poing, des policiers font irruption dans la salle.

« Les mains sur la table et que personne ne bouge ! ordonne un inspecteur en civil. Quand on vous les demandera, vous sortirez à tour de rôle vos papiers, mais très très très lentement, compris ? »

« C'est la troisième descente de police en moins

d'une semaine, songe Saïd, que cherchent-ils ? Ici tout le monde est en règle avec un travail régulier et nous sommes tous inscrits sur le registre de l'hôtel. À moins qu'ils ne veuillent simplement nous impressionner. Pourtant, à bien y regarder, ils ne traitent pas les gens de la même façon. Ils contrôlent l'identité d'un messaliste ou deux sur trois, les fouillent rarement, alors qu'ils vérifient systématiquement tous les nôtres et nous palpent de la tête aux pieds. Sommes-nous donc fichés selon nos opinions, ce qui signifierait qu'il y a des mouchards aux *Tilleuls* ? »

« Toi, tes papiers ! l'interpelle brutalement l'inspecteur.

— Je les ai laissés dans ma chambre, répond Saïd. Si vous voulez, je peux aller les chercher.

— Ceux de ta race doivent toujours les avoir sur eux.

— Pardon, inspecteur, intervient un agent, mais lui je le connais bien. Il s'appelle Saïd Djaout, il travaille chez Marozi, il ne se mêle pas de politique et il joue au C.O.S. avec mon fils, même que c'est un excellent buteur.

— C'est bon ! »

L'inspecteur s'est radouci.

« Continue comme ça à faire du sport, Djaout, et n'écoute surtout pas les salopards qui se sont rebellés contre la France. Alors, brigadier, ça a donné quoi la perquisition dans les chambres ?

— Il n'y avait personne, inspecteur, sauf un malade. Et rien à signaler de suspect, ni armes, ni tracts, ni documents.

— Bien, ça suffira pour ce soir. Mais vous n'en avez pas fini avec nous, vous autres, nous vous avons à l'œil. À propos, vous n'avez toujours pas aperçu le moindre collecteur de fonds du F.L.N. ?... Enfin, si quelqu'un se décide à faire son devoir, il lui suffit d'un petit coup de fil au commissariat, ni vu ni connu et une honnête récompense, hein ? En attendant, à la prochaine ! »

Pendant la présence des policiers, tous les hommes ont gardé obstinément le silence. Mais immédiatement après, les messalistes commandent des digestifs et se mettent à fumer avec ostentation. Suivi de quelques-uns de ses compagnons, Ahmed se dirige vers eux.

« Il va encore leur faire un cours politique, pense Saïd, au mieux ce seront des palabres interminables, au pire ça se terminera par une bagarre. Moi, je vais me coucher, demain je me lève de bonne heure. »

Il sort de la salle du restaurant. Dans la cour, des boxes en parpaings gris et recouverts de tôles pourraient servir de garages. Aux *Tilleuls*, ce sont des chambres pour immigrés. Saïd pénètre dans la sienne, tristement éclairée par une ampoule nue. Un lit, une table, une chaise, une armoire métallique, un porte-manteau, c'est tout son mobilier. Il n'en avait pas autant pour lui seul à Sidi-Aïssa et ça lui suffit pour le moment, mais plus tard s'il prenait femme...

« Qu'est-ce qui lui a donc pris ce midi à Pilule ? » murmure-t-il en se déshabillant.

Il a juste dit que la sœur était jolie et le frère s'est mis en colère, comme si Saïd avait fait une demande en mariage. À moins que le ton de sa voix ne l'ait trahi ? Voilà des mois et des années qu'il admire, non, autant se l'avouer, qu'il aime Janine, sans oser le manifester. Il sourit amèrement, un bougnoule, un bicot, un raton doit savoir rester à sa place, tout en bas, et ne jamais lever les yeux vers une Française, sinon son camarade de travail, son copain de club, son meilleur ami qui pourrait devenir son beau-frère, son frère quoi, se fâche à mort contre lui.

« Parce que je n'ai pas rêvé, l'autre jour elle m'a regardé d'une façon... d'une façon, comme si je ne lui étais pas indifférent. »

Il se glisse sous les couvertures, s'allonge sur le dos. Mains croisées sous la nuque, il réfléchit dans le noir. Finalement, le rappel des réservistes français n'est pas une si mauvaise chose que ça. Certes, en Algérie l'armée d'occupation va recevoir des renforts, mais à Savigny-sur-Orge la succession de José Da Silva est ouverte. Et si M. Coulon faisait appel à lui, Saïd, comme avant-centre ? Et si dimanche prochain il jouait tellement super qu'il était de suite titularisé en équipe première ? Et si durant la saison il était remarqué par un grand club qui lui offrait un contrat en or ? Ça changerait tout ! Au lieu de mépriser l'obscur maçon arabe, Pilule et sa famille accueilleraient à bras ouverts le célèbre footballeur, l'égal du grand Zitouni, l'international riche à millions et qui signe encore plus d'autographes que les vedettes de cinéma, poursuivi par une meute d'admiratrices, mais qui n'a d'yeux que pour sa bien-aimée, Janine.

« Elle est encore en train de s'engueuler politique avec le père, pense Pilule de retour chez lui après avoir quitté Saïd. Elle exagère à la fin, la frangine, à toujours s'opposer au vieux sur tous les sujets. Les dîners en sont empuantis, alors qu'on pourrait se retrouver peinards comme autrefois, à discuter de la pluie et du beau temps en savourant les petits plats mitonnés par m'man. »

« Salut, p'pa, dit-il en embrassant son père.

— Bonsoir, Jean, ça a marché l'entraînement ? Au moins toi, à la différence de ta jumelle, tu ne passes pas tes soirées à gémir sur le triste sort des masses laborieuses, comme disent les cocos.

— Je ne suis pas communiste, rebondit Janine, mais ils peuvent avoir raison. Parce que tu trouves ça normal, papa, qu'on travaille davantage sans que nos paies soient augmentées ?

— Si les nouvelles cadences dans ton atelier ne

te conviennent pas, réplique le père, tu n'as qu'à trouver un meilleur boulot, si tu y parviens.

— Il n'est pas encore huit heures, dit la mère, mais on peut passer à table. Et arrêtez de vous chamailler.

— Oui, maman, répond machinalement Janine. Donc d'après toi, papa, il faut se laisser mener à l'abattoir sans protester.

— Je t'interdis de me parler ainsi. J'ai suffisamment prouvé pendant la guerre que je n'étais pas de la race des moutons. »

« Et voilà, soupire Pilule, c'est reparti comme en 40. Le père a redémarré sur ses hauts faits pendant la Résistance, son appartenance à un réseau gaulliste, les renseignements sur son usine qu'il fournissait à Londres et sa participation, les armes à la main, à la libération de Savigny, puis à celle de Paris. Ensuite il est rentré dans le rang, à nouveau simple ajusteur et fier de l'être, ni syndiqué ni membre d'un parti, seulement préoccupé par la construction de son pavillon et le remboursement des traites. Ce qui n'est plus un problème maintenant qu'il y a trois paies à la maison et de la viande à tous les repas ; fameux ce soir le bourguignon de m'man. » En souriant il lui tend son assiette afin qu'elle le resserve. Son père l'imite, tout en conseillant à sa fille de suivre son exemple actuel :

« Moi, maintenant, je me mêle uniquement de

mes oignons. Si chacun en faisait autant, ça irait mieux en France ! »

Pilule hoche la tête, approbateur, sans prêter attention à la réponse de sa sœur. Le père a beau l'agacer parfois, il n'en éprouve pas moins pour lui une grande admiration, partageant même la plupart de ses opinions. C'est vrai, si on ne se plaît pas chez un singe, on n'a qu'à en changer, ce ne sont pas les places qui manquent, ou bien on se met à son compte – ce qu'il a promis à Geneviève de faire dès leur mariage. Voyons, comment on procède ? Il a bien eu des cours là-dessus pour la partie théorique de son C.A.P., il ne s'en souvient guère du statut de l'artisan, des patentes et du saint-frusquin, le mieux est de demander conseil au père Marozi.

« Bon, tu as raison, ma fille, et moi j'ai tort. Sur ce, tu me fiches la paix, je veux écouter tranquille les informations de vingt heures. »

Sur Europe 1, la toute nouvelle station dont le hit-parade est hyper-super, mais les chansons *made in U.S.A.*, ça vient seulement après les infos, sacrées pour le père, plus personne sauf lui n'a le droit de parler, au moins ça repose le temps qu'elles durent. Un de ces jours on les regardera à la télévision, dès qu'elle sera au point, pour le moment ceux qui l'ont voient surtout tomber de la neige sur leur écran ; quoi, qu'est-ce qu'ils racontent à la radio ? Dix-neuf morts dans une embuscade en Algérie, les pauvres gars, peut-être qu'elle a raison Janine, ça recommence pareil qu'en Indochine. Sauf que, ce coup-ci, ce ne sont plus des volontaires qui partent au casse-pipe, mais des rappelés comme José et, bientôt, de simples pékins comme moi.

« Sans être raciste, commente le père, il faut bien reconnaître que les bicots sont de véritables salopards, après tout ce qu'on a fait pour eux ! »

L'indignation de Janine est telle que, pour la première fois, elle enfreint la loi du silence imposée par le père pendant les informations :

« Parlons-en de ce qu'on a fait pour les Algériens, on leur a volé leur pays, leurs meilleures terres, leurs richesses minières, il est donc normal qu'ils se révoltent contre l'occupant, prennent le maquis et deviennent à leur tour des résistants. »

Le père ne supporte pas une telle comparaison, il en éteint la radio et hausse le ton. Si lui il s'est battu contre les Allemands, c'est parce qu'ils raflaient des innocents, les déportaient dans des camps de concentration, fusillaient des otages, torturaient de façon abominable pour obtenir des renseignements. Tandis qu'en Algérie, la France a apporté la civilisation, des hôpitaux et des écoles.

Malgré les tentatives d'apaisement de la mère, le ton continue de monter entre le père et Janine. Cette fois, Pilule suit attentivement leur dispute, elle le concerne en premier lieu. Ce qui le rend perplexe, c'est qu'il est à moitié d'accord avec sa sœur et à moitié avec son père. Oui, elle n'a pas tort la frangine, il est logique que l'Algérie, comme son nom l'indique, appartienne aux Algériens. Mais le vieux a raison, que deviendraient alors les pieds-noirs, les Européens qui y sont nés et dont c'est également le pays ? À cent pour cent d'accord avec Janine qui ne veut pas que son frère chéri meure pour les intérêts des gros colons, lui non plus il n'y tient pas. Mais le père vient de marquer un but superbe en affirmant que, si on y mettait le paquet, la pacification de l'Algérie serait réglée en deux coups de cuillère à pot, disons dans les six mois, un délai raisonnable qui arrangerait bien Pilule.

« Ah, si le général de Gaulle était encore aux affaires, poursuit le père, il aurait vite réglé tout ça. Tandis qu'avec ces socialistes et ces radicaux au gouvernement, les Guy Mollet et autres Mitterrand, on laisse pourrir la situation.

— Ils viennent pourtant de rappeler les réservistes ! »

Pilule se mêle enfin à la conversation. Même qu'au club, c'est l'hécatombe pour le tournoi de dimanche.

« Ce n'est pas trop tôt, bougonne le père.

— Pour la paix, la guerre ou le tournoi de dimanche ? ironise Janine.

— Toi, tu vas finir par te ramasser une gifle.

Quand même, si on m'avait dit qu'un jour ma propre fille se ferait l'avocate des bougnoules, ces fainéants, ces...

— Alors là, p'pa, tu exagères, interrompt Pilule pour venir au secours de sa jumelle. Je t'assure que mon pote Saïd est un sacré bosseur.

— L'exception qui confirme la règle ! Et que feras-tu si par hasard ton charmant pote et toi vous vous retrouvez un jour face à face les armes à la main ?

— C'est marrant ce que tu dis là, p'pa. Figure-toi qu'on s'est posé la question tout à l'heure et on s'est juré qu'on ne se tirerait pas dessus.

— Tu ne connais rien à ces choses-là, mon petit gars. Si un jour cela vous arrive, ni l'un ni l'autre vous n'aurez le temps de réfléchir : ce sera lui ou toi. »

3

Les rappelés

Le lendemain, en se retrouvant sur le chantier, Saïd et Pilule se sourient, se serrent cordialement la main. Pourtant, tous deux ressentent une sorte de gêne vis-à-vis de l'autre, sans bien savoir pourquoi exactement. Ce n'est quand même pas à cause des dix-neuf tués dans l'embuscade d'hier, Saïd n'y est pour rien, pense Pilule. Et il est persuadé que la discussion de la veille avec le père n'a laissé en lui aucune trace : ce n'est pas la première fois que le vieux tient des propos racistes contre les Algériens. Quant à la prédiction « Ce sera lui ou toi » qui devra tirer le premier, Pilule hausse les épaules, il y a une chance sur un million pour qu'elle se réalise.

De son côté, Saïd n'éprouve nulle envie de parler de la descente des flics aux *Tilleuls*, ça servirait à quoi ? Pilule n'est en rien responsable de la police de son pays. Et il serait de mauvais goût de lui raconter qu'on s'est réjoui, entre partisans du Front, de la victoire remportée par son armée. En outre, ce matin, Saïd s'est réveillé très découragé. Son espoir d'effectuer une carrière de footballeur professionnel lui est apparu démesuré et son rêve de conquérir ainsi Janine totalement chimérique. Son moral remonte un peu pendant la pause de midi.

« Tu sais, lui dit Pilule en mettant à chauffer leurs gamelles sur un Camping-gaz, j'ai réfléchi pour ce dimanche et je ne vois que toi qui puisses remplacer José.

— Oh, il y en a d'autres de possibles.

— Pas tant que ça, car José n'est pas le seul rappelé. »

Tout en mangeant, les deux jeunes hommes passent en revue ceux qui s'en vont et ceux qui restent au club. Pas de doute, conclut Pilule, en attaque Saïd est plus que probable. D'ailleurs, ajoute-t-il, les matches seront équilibrés dans la mesure où on peut parier qu'à Juvisy et à Sainte-Geneviève-des-Bois aussi, le départ des rappelés aura désorganisé les équipes. Saïd finit par se détendre, en riant il tape sur l'épaule de son ami ; quel dommage que le sélectionneur s'appelle M. Coulon, et non pas M. Pilule. À ce moment, un jeune à scooter stoppe devant le chantier, c'est Dédé Truffault.

« Alors, les feignasses, leur crie-t-il en calant son engin sur sa béquille, encore en train de se les rouler ?

— Tu peux parler, réplique Pilule, toi qui es encore en vacances. »

Drôles de vacances, Dédé se déclare crevé, effectivement il a les traits tirés. Hier soir le Parti l'a réquisitionné – d'accord il le veut bien – pour distribuer dans les boîtes aux lettres des tracts contre le rappel des réservistes. Ce matin, rebelote de bonne heure à la gare. Et il a passé la matinée sur le marché du Plateau à essayer de faire signer une pétition. Maigre récolte ! La quasi-totalité des commerçants l'a envoyé bouler. Quant aux ménagères, peu d'entre elles l'approuvaient. Ça allait de l'habituel « Il faut que j'en parle à mon mari » à « On ne va quand même pas laisser massacrer nos petits gars sans leur envoyer des renforts » – ce qui à la rigueur peut se comprendre – en passant par un « Mais si on perd l'Algérie après l'Indochine, où donc ira-t-on chercher nos oranges ? », un genre d'argument qui a laissé Dédé sans voix tellement il ne s'attendait pas à une stupidité aussi crasse.

« Bon, dit Pilule, je vais te la signer, ta pétition.

Au moins si ça ne sert à rien, ça ne peut pas faire de mal. Toi aussi, Saïd, tu la signes ? »

Celui-ci hésite à peine, le Front a recommandé de ne pas se mêler de la politique intérieure des Français, bah, Saïd n'ira pas s'en vanter auprès d'Ahmed. Il commence à écrire ses nom, prénom, adresse mais, au lieu de signer, il paraphe d'une croix, enchanté de son subterfuge : si jamais cette pétition tombe entre de mauvaises mains, il pourra toujours prétendre qu'on l'y a inscrit à son insu. Dédé et Pilule l'ont regardé procéder, tous deux ont levé les sourcils en signe d'étonnement, puis ils ont échangé un regard, sans toutefois poser de questions. Dédé se contente d'ajouter :

« Je vais vous laisser faire la sieste. Pour José, on a rendez-vous à dix-huit heures trente gare de Lyon, près des guichets des grandes lignes. Presque tous les gars du club pourront venir, ainsi que quelques supporters. Et vous ? »

Pilule hoche la tête, pas de problèmes. Saïd se retient de lui demander si, en tant que « supportrice », Janine sera là également. En fait, Pilule n'a pas parlé à sa sœur de ce projet. Il lui a simplement dit de prévenir Geneviève que ce soir il ne viendrait pas la chercher à la sortie du travail, sans autre explication ; à la fin des fins, le foot, comme la guerre, c'est d'abord une affaire d'hommes.

« Tiens, la fine équipe s'est remise toute seule au boulot ! Vous êtes malades ou quoi ? »

Le père Marozi, qui revient de déjeuner, paraît étonné du zèle des deux compagnons. Du haut de l'échafaudage, Saïd lui en explique la raison : Pilule et lui souhaitent arrêter une heure plus tôt afin d'accompagner à la gare un copain rappelé. Le père Marozi accorde volontiers l'autorisation avec un commentaire antigouvernemental. Selon lui, cette décision de recourir aux réservistes est une mauvaise chose et la preuve qu'il se prépare une guerre longue et cruelle. Il soupire : ah, ces Français ! Lui, il a beau être naturalisé depuis pas mal de temps, il ne comprend toujours pas leur politique. Il leur a fallu six ans et de sacrées défaites pour partir d'Indochine, combien d'années leur faudra-t-il pour admettre que l'Algérie n'est pas la France, contrairement à ce que vient de déclarer le ministre de l'Intérieur, François Mitterrand ? Ni Saïd ni Pilule ne lui répondent, absorbés par leur tâche commune, mais chacun pour soi néanmoins dans les pensées fugitives qui leur traversent l'esprit. Celles-ci sont d'abord moroses : l'armée, les flics, la guerre. Au fil de l'après-midi elles évoluent de façon plus riante : Geneviève, le foot, Janine.

« Hé ! la fine équipe, il serait peut-être l'heure d'y aller si vous voulez dire au revoir à votre copain ? »

Ils descendent de l'échafaudage, se lavent, se changent, jeans et polos, en route pour la gare de Savigny. Pilule propose à Saïd de le transporter sur son porte-bagages. Saïd refuse, il préfère courir derrière le vélo de son ami, c'est bon pour le souffle. Rues parallèles ou perpendiculaires des lotissements du Plateau, Vanne-des-Eaux, rue de la Montagne-Pavée, ils passent devant chez Lampco, parviennent à la gare. Saïd prend deux allers et retours pour Paris-Austerlitz, tandis que Pilule va déposer sa bicyclette au garage payant.

« Ça fait une éternité que je n'ai pas pris le train, ni mis les pieds à Paname.

— Moi, pareil. »

Travail, loisirs, vacances aussi depuis que Saïd ne retourne plus à Sidi-Aïssa, toute leur vie se déroule à Savigny-sur-Orge. Au mieux on va à la fête ou à un bal dans une localité voisine et, pour les déplacements plus lointains pendant la saison de football, on prend l'autocar municipal. Qu'irait-on faire à Paris où cinémas et dancings sont deux fois plus chers qu'en banlieue ? Le long de la voie ferrée, des inscriptions jalonnent les murs : *Non au départ des rappelés*, *Paix en Algérie* ou *Rappelez les rappelés*. Pilule les désigne à Saïd :

« Tu as vu toute cette barbouille ?

— Oui.

— Je me demande si Dédé et ses camarades ne s'agitent pas pour rien. Parce qu'au fond les gens s'en foutent, sauf si c'est eux ou leur fils qui est dans le coup, tu ne crois pas ? »

Saïd hausse les épaules de façon évasive pour se dispenser de répondre. Chez lui, en Algérie, comme pour ses compatriotes ici, la guerre est déjà l'affaire de tous. Les désaccords deviennent de plus en plus violents avec les messalistes, bientôt on les mettra dans le même sac que les traîtres qui se rangent du côté des Français. On s'empoignera, on se tirera dessus, on se massacrera, peu de monde échappera à la tourmente. Lui peut-être si... Pilule lui donne un léger coup de coude.

« Hé ! tu dors ? On est arrivés. »

La gare d'Austerlitz présente son aspect habituel d'un soir de semaine, banlieusards pressés de rentrer chez eux. Les deux amis sortent, traversent la Seine. La gare de Lyon est juste en face. L'atmosphère y est différente. Dans le hall stationnent des dizaines de rappelés reconnaissables à leurs visages tendus et à leurs petites valises métalliques, semblables à celles qu'emportent habituellement les conscrits, sauf que ces derniers sont beaucoup plus jeunes que les réservistes, lesquels ont de vingt-trois à vingt-cinq ans. Certains sont venus en famille avec femme et enfants, d'autres seuls ou accompagnés d'amis. Un haut-parleur annonce que « messieurs les rappelés sous les drapeaux à destination de Marseille-Saint-Charles sont attendus voie n° 12 où les six wagons de queue leur sont réservés. Ils devront auparavant présenter au contrôle leur feuille de route avec leur titre de transport gratuit ».

« Tiens, voilà m'sieur Coulon et le président Cheymol. Ah, et puis voilà José. »

Sa femme n'est pas là, il a préféré lui dire au revoir chez eux et qu'elle reste à la maison avec leur bébé. Il s'efforce de faire bonne contenance devant ses amis du club, accueillant Saïd et Pilule d'un « Alors, ça boume, les gars ? », comme s'ils étaient venus pour une partie de plaisir. Le haut-parleur réitère son appel. Les rappelés commencent à se diriger vers les guichets de contrôle où il faut passer un à un.

« Bon, je vais y aller, dit José. M'sieur Cheymol, encore merci de vous être déplacé...

— On reste avec toi jusqu'au départ, décide le président du club. Allez le C.O.S., tout le monde doit acheter des tickets de quai pour pénétrer dans la gare. »

Des gendarmes en képi font les cent pas devant le train de nuit pour Marseille. Ils examinent les feuilles de route, pointent des listes et indiquent leur wagon aux rappelés. À peine à bord, ceux-ci se mettent aux fenêtres.

« La quille, bordel ! lance l'un d'eux.

— La quille, la quille ! tous reprennent en chœur.

— Attends, José, avant de monter, j'ai des nouvelles fraîches. »

C'est Dédé Truffault qui arrive en courant, tout excité. Il vient d'apprendre qu'un peu partout en France, les rappelés manifestent, refusent de partir et la population les soutient. À Rouen, comme on les avait consignés dans la caserne Richepanse, les réservistes ont défoncé le mur avec un camion. Ils sont montés sur les toits et, avec l'aide de jeunes accourus des environs, ils bombardent à coups de pierres C.R.S. et gendarmes.

« C'est comme ça qu'il faut agir ! hurle José. Hé ! les gars, écoutez-moi, on va faire comme les copains à Rouen : refuser de partir, au besoin par la force.

— Oui, oui ! l'approuve-t-on.

— Épinglez-moi cet agitateur ! » ordonne un officier de gendarmerie.

Deux gendarmes se précipitent vers José. Avec un grondement de colère, les footballeurs s'interposent. Bousculades, quelques horions, des képis s'envolent, les gendarmes ne sont pas suffisamment nombreux, ils battent en retraite sous les huées.

« La quille, la quille ! continue-t-on à scander.

— La paix en Algérie », propose Dédé Truffault.

Ce slogan est repris en alternance avec le premier. Un coup de sifflet, le train démarre… dix mètres, bloqué par les signaux d'alarme déclenchés simultanément par les rappelés.

« On ne va pas mettre tous les voyageurs en retard, crie José en riant. Qui saurait décrocher nos wagons pour que ceux de devant puissent partir ?

— Moi ! Moi ! Ce n'est pas pour rien qu'on est cheminots.

— Attention, voilà les C.R.S. ! »

Casqués, matraques hautes, ils chargent avec violence. Les rappelés remontent précipitamment dans les wagons. Leurs amis se dispersent en tous sens, hurlements d'effroi, de douleur. Coincés sur le quai, les footballeurs ne peuvent plus sortir de la gare. Ils s'égaillent sur les voies libres de train. En quelques foulées rapides, Saïd se met à bonne distance. Il se retourne. Pilule, qui le suivait, vient d'être rattrapé. Un coup de matraque le déséquilibre, il s'étale à plat ventre entre les rails. Le C.R.S. se penche, lui tord un bras dans le dos, le relève ainsi, le ramène vers la gare. Saïd fait demi-tour, sprinte, contourne le C.R.S. À deux mains il lui relève son casque, tout en lui assénant un formidable coup de tête en plein visage. Le C.R.S. en lâche Pilule, avant de s'écrouler.

« Ça va ? demande Saïd à Pilule. Viens, on file vers la gare de marchandises, on devrait trouver une issue par là.

— En tout cas, merci, mon pote. Toi, on peut dire que tu es un vrai frangin ! »

4

Le tournoi

« Des nouilles à la sauce tomate, c'est tout ce que tu bectes ? demande Pilule.

— Oui, répond Saïd, mais la patronne des *Tilleuls* m'a à la bonne, elle m'a rempli ma gamelle à ras bord. »

Pilule secoue la tête, à lui sa mère a préparé un ragoût de pommes de terre avec deux énormes tranches de rôti, plus un demi-camembert, plus une grosse part de cake, voilà de la nourriture qui tient au corps pour le métier qu'il fait, sans compter l'entraînement.

« Justement, à propos d'entraînement, reprend

Pilule, hier soir comme je sortais des douches avant toi, j'ai entendu m'sieur Coulon et le président qui discutaient le bout de gras. "Alors, qui voyez-vous comme avant-centre pour remplacer Da Silva ? qu'il lui a demandé comme ça m'sieur Cheymol. – Sans doute Djaout, qu'il lui a répondu m'sieur Coulon, mais je ne prendrai une décision définitive qu'après l'entraînement de samedi après-midi."

— Tu vois, ce n'est pas encore fait.

— Et ça ne se fera pas si tu t'écroules parce que tu n'as rien dans le ventre. Donc tu vas me faire le plaisir de prendre cette tranche de barbaque, tu peux y aller, ce n'est pas du porc, c'est du veau. Et puis d'abord, ce n'est pas pour tes beaux yeux que je te donne ça, c'est pour le club.

— Si c'est pour le club, j'accepte, dit Saïd en riant. Et maintenant je peux te l'avouer : j'avais tellement envie de viande que, tant pis pour la religion, j'aurais bien mangé un cochon entier. »

Pilule sourit, sacré Saïd ! Hier soir, au stade, ce n'était pas du porc qu'il avait bouffé, mais un cheval de course. Balle au pied, il laissait sur place tous les défenseurs et il tirait de tels boulets de canon que, dans la cage, le pauvre Dédé Truffault était devenu une véritable passoire.

Pourtant, ça avait mal commencé. Le moral était au plus bas, on repensait aux événements de la veille. En dépit de leur manifestation, les rappelés étaient quand même partis et, si ça se trouvait, à cette heure, José était déjà sur le bateau pour l'Algérie. M. Coulon avait senti le vent. Il avait démarré par un footing à vive allure, suivi d'une de ces séances de gym, abdominaux et pompes à en baver, le tout en nous enguirlandant comme des moins que rien. Ça avait piqué les gars au vif. Du coup, tout le monde s'était défoncé pendant le travail technique et le petit match de la fin.

Il était presque neuf heures quand l'entraîneur les avait lâchés. Bien sûr, à la maison, le dîner était terminé. Ça avait dû encore barder, le vieux était parti bricoler au sous-sol dans son atelier et Janine était montée se coucher. Tout en lui servant son souper, la mère avait expliqué à Pilule. Cette fois, sa sœur avait dépassé les bornes en osant soutenir au père que, si elle aimait un homme, peu importerait qu'il soit noir, jaune ou algérien, elle l'épouserait contre vents et marées. Pilule en avait siffloté d'ébahissement, scandalisé. Sur les conseils de sa mère, après avoir mangé, il avait frappé à la chambre de Janine pour tenter de la raisonner. Elle bouquinait au lit. Il lui avait fait la bise, s'était assis à côté d'elle et il lui avait posé la question de confiance :

« Pourquoi, en ce moment, tu contres systématiquement le père ?

— Parce qu'il sort des énormités que je ne peux pas laisser passer. “Bougnoule, bougnoule”, il n'a que ce mot-là à la bouche.

— D'accord, des fois il y va un peu fort de café. Mais quel besoin avais-tu de lui dire ce soir que tu es prête à te marier avec un... un étranger ?

— Parfaitement, si je suis amoureuse.

— Ma pauvre Janine, tu dis n'importe quoi ! Tiens, une supposition : tu vois, Saïd, c'est mon meilleur copain et hier il m'a sauvé des flics, eh bien, si c'était le cas et sans faire de racisme, moi non plus je ne serais pas d'accord pour qu'il entre dans la famille.

— Pourquoi ça ?

— Parce qu'il est algérien et que tu es française. Vous n'avez pas la même religion, vous...

— Oh moi, tu sais, la religion ! Depuis ma communion, je n'ai pas remis les pieds à l'église.

— Mais tu serais d'accord pour devenir musulmane ? Et tu t'imagines un peu dans son village paumé à Sidi-Truc au milieu de ses autres femmes et toi ne pouvant sortir que voilée ?

— Il existe aussi des grandes villes en Algérie, oh et puis écoute, il est tard. Et tu peux même dormir tranquille : Saïd ne m'a pas fait la moindre déclaration et moi je ne lui en fais aucune. Allez, bonne nuit, petit ! »

« Ah les femmes, songe Pilule en remontant sur l'échafaudage, ce plaisir qu'elles ont à contredire les mecs ! » Même Geneviève avec lui, souvent à propos de bricoles de rien du tout. Ça commence comme un jeu, sur un ton de taquinerie, et d'un coup, ça s'emballe, impossible de savoir pourquoi. Heureusement avec elle, ça ne dure pas, elle n'est pas rancunière, lui si, et têtu comme un mulet, quand il a décidé quelque chose, il ne revient jamais en arrière. Bon, ce n'est pas tout de rêvasser, il faut s'y remettre sec à la charpente si on veut avoir posé les tuiles pour vendredi et que le père Marozi puisse déclarer au client en se frottant les mains :

« Vous voyez bien, monsieur Lefèvre, que vous aviez tort de vous inquiéter. Votre bâtiment est hors d'eau dans le délai promis.

— Bravo, monsieur Marozi, bravo, les gars, c'est de la belle ouvrage ! Et on va aller arroser ça *Chez Bardy*.

— Attendez, monsieur Lefèvre, il y a encore, avant, une petite formalité : le drapeau. Moi, avec ma sciatique, je ne peux pas grimper là-haut. Vas-y, Saïd. »

Le jeune Algérien se rétracte à la vue du drapeau tricolore que lui tend le patron. Pilule s'en empare en essayant de tourner ça à la blague, à lui l'honneur, normal, il a bossé deux fois plus que Saïd ; quand même, quel gaffeur ce père Marozi ! Le drapeau hissé sur le toit, chacun se rend *Chez Bardy,* le café-tabac du boulevard Aristide-Briand, par ses propres moyens, le client en voiture, le père Marozi dans son camion poussif, Pilule à bicyclette et Saïd au pas de course.

« Une bouteille de champagne et quatre coupes ! » commande M. Lefèvre.

Saïd et Pilule refusent et demandent un diabolo menthe pour eux. Le père Marozi fait la grimace, à cette bibine à bulles qui lui procure des renvois toute la soirée, il préférerait plutôt une goutte de rouge. Cela peut convenir également à M. Lefèvre qui n'a jamais été l'ennemi d'un bon petit beaujolais de derrière les fagots. En achevant la bouteille dont il a bu les deux tiers, le père Marozi a aussi épuisé la finition du pavillon, la plomberie et l'électricité, le plâtre, le carrelage et les peintures. Voilà, et avec un grand geste il remet au client des clés imaginaires. M. Lefèvre remercie chaleureusement et commande deux autres diabolos menthe, ainsi qu'une deuxième bouteille de beaujolais. On retrinque, le père Marozi est tout attendri.

« Je vais vous faire une confidence, monsieur Lefèvre : avec ces deux-là, j'ai une sacrée fine équipe ! Parfois un peu têtes de lard, mais des bosseurs comme on n'en fait plus. Et je me demande où je pourrais bien dénicher ceux qui les remplaceront quand ils partiront à l'armée.

— Ah oui, l'armée, c'est un problème ! approuve M. Lefèvre.

— Enfin, ce n'est pas pour demain, parce que demain, non, après-demain, ils doivent me gagner en plus le tournoi de foot. Écoutez bien ce que je vous dis, monsieur Lefèvre : quand vous viendrez habiter à Savigny dans votre maison qu'est quasiment finie, vous constaterez que ces deux-là sont les meilleurs joueurs de toute la banlieue sud.

— Ah bon ! »

M. Lefèvre semble impressionné.

« Et pour les encourager, à chaque rencontre importante, je leur offre cinquante francs[1] par but qu'ils marquent. Ça vous épate ? Moi, je trouve ça normal ! Quand j'étais jeune et que je jouais en équipe première junior à la Juve, mon patron de l'époque en faisait autant pour moi.

— Ah bon, vous avez joué à la Juventus de Turin ? »

M. Lefèvre paraît de plus en plus impressionné.

« On m'y considérait même comme un espoir sérieux et, si je n'avais pas dû quitter mon pays à cause de Mussolini et du fascisme, j'aurais sans doute fait une grande carrière de pro. »

Saïd et Pilule échangent un coup d'œil. Décidément, le beaujolais réussit bien au singe. Non seule-

1. En euros : 7,62 €.

ment il les abreuve de compliments mais, si le client commande une troisième bouteille, le père Marozi qui n'a jamais touché un ballon se sacrera international, champion d'Italie et vainqueur de la Coupe du monde. Quant à cette histoire de prime de cinq mille francs par but marqué, il vient de l'inventer à la minute, mais elle n'est pas tombée dans l'oreille d'un sourd.

Heureusement qu'il s'agit d'un match d'entraînement, pense Pilule le lendemain après-midi sur le stade, sinon le singe serait complètement ruiné : Saïd n'arrête pas de cartonner, six buts à lui seul en première mi-temps. M. Coulon a voulu tester en temps réel sa nouvelle équipe première. Il l'oppose donc à la deuxième, celle-ci privée bien sûr de ses meilleurs éléments, dont Saïd qui remplace José comme avant-centre. Dans ces conditions, le problème est que Dédé Truffault n'a guère eu l'occasion d'exercer ses talents de goal titulaire.

« Pour la seconde mi-temps, ordonne M. Coulon, on permute les goals. Truffault, tu deviens donc le gardien de la Deux. Ainsi tu pourras travailler pour de bon. »

« Grâce à Dédé qui réussit de superbes arrêts, se dit Pilule en position d'arrière central de l'équipe deuxième, c'est maintenant un peu plus équilibré et moi je ne vais prendre aucun risque ; allez hop, passe en retrait à mon gardien, tant pis pour la dégonfle ! C'est qu'il commence à m'énerver, le Saïd, à toujours se démarquer sans que je parvienne à le foutre hors jeu ; ça y est, rebelote, la balle lui est destinée, il va me dribbler, un nouveau but en perspective, sauf si je le sèche... » Un coup de sifflet furieux.

« Dubois, un carton jaune ! Ça mérite un penalty mais, Djaout, je préfère que tu tires un coup franc en essayant de lober le mur.

— Excuse-moi ! dit Pilule tout piteux en tendant la main à Saïd.

— De rien ! » répond son ami en se frictionnant énergiquement le tibia.

Fin du match, douches, dans le vestiaire M. Coulon maintient sa sélection de l'après-midi et nomme Dédé Truffault capitaine. Ultimes conseils tactiques et un ordre : ce soir, titulaires et remplaçants devront être au lit à neuf heures. « Chouette, pense Pilule, j'ai la veine de n'être ni l'un ni l'autre, comme ça je pourrai aller au cinoche avec Geneviève. »

« Demain matin, poursuit l'entraîneur, levez-vous de bonne heure. Prenez le temps de faire un solide petit déjeuner et soyez ici à huit heures trente précises. Bien que le tirage au sort des rencontres n'ait lieu qu'à dix heures, je préfère vous avoir sous la main bien avant. »

Sans être concerné directement, Pilule est néanmoins exact au rendez-vous, il faut savoir soutenir le moral des copains. Il ne manque que Saïd, bizarre, ça ne lui ressemble pas d'être en retard. Neuf heures moins vingt, moins dix, il n'est toujours pas là. Pilule décide d'aller à sa rencontre. À bicyclette, il est en cinq minutes aux *Tilleuls*. Il pénètre dans la salle du restaurant, déserte, à l'exception de la patronne, une Algérienne en train de laver des verres. Aussi aimable qu'une porte de prison.

« Saïd Djaout ? Connais pas ! »

Pilule se présente. Elle se radoucit.

« Ah, c'est vous Pilule, son camarade de travail ! Non, je ne l'ai pas vu ce matin. Vous pouvez aller frapper à sa chambre, c'est dans la cour à gauche, la numéro 3. »

Des chambres, où ça ? Dans la cour Pilule est déconcerté, il ne voit que des sortes de garages en parpaings recouverts de tôles. À moins que, oui, sur chaque porte de ces parkings est inscrit un numéro, voici le 3 ; ah ben ça, il n'imaginait pas qu'on puisse loger là-dedans. Il frappe, aucune réponse, il tourne la poignée, la porte s'ouvre, Saïd dort à poings fermés. Un rapide coup d'œil sur la pauvreté du mobilier, Pilule hoche la tête, puis il secoue son ami.

« Hou là là, neuf heures ! »

Saïd se frotte les yeux.

« Tu comprends, j'étais un peu énervé hier soir et

j'ai mis longtemps à m'endormir, alors... Bon, je suis prêt dans deux minutes. »

Pas de pyjama, il dort en slip. Il sort en cette tenue dans la cour, se met la tête sous un robinet, s'asperge ; sa salle de bains en plein air, pense Pilule, apitoyé. Il s'habille à la hâte, se passe la main sur la joue, ça ne pique pas trop, donc inutile de se raser, en route.

« Et ce solide petit déjeuner qu'a recommandé m'sieur Coulon ? dit Pilule. Écoute, il vaut mieux que tu prennes encore dix minutes pour bouffer, plutôt que d'avoir un coup de pompe en plein match. Allez, je vais te tenir compagnie.

— Lait et pain sec comme d'habitude ? demande la patronne.

— Ben oui.

— Minute, intervient Pilule, moi non plus je n'ai rien dans le ventre. Madame, s'il vous plaît, vous me donnerez aussi du lait et du pain, avec beaucoup de beurre, et de la confiture, si vous en avez.

— Bien sûr que j'ai !

— Et vous me direz combien je vous dois pour nous deux.

— Il n'en est pas question ! (La voix de Saïd est glaciale.) Ici, tu es forcément mon invité. Djamila, apporte-nous aussi du beurre et de la confiture et tu mets le tout sur ma note. N'insiste pas, Pilule ! Est-ce que tu accepterais que je paie si je venais manger chez toi ? »

Cette année, le C.O.S. a de la chance. Non seulement le tournoi se déroule sur son terrain, mais le tirage au sort l'avantage : un match le matin contre Sainte-Geneviève-des-Bois qui jouera en début d'après-midi contre Juvisy, puis le C.O.S. rencontrera le même Juvisy, lequel n'aura qu'une demi-heure pour se reposer. Pilule sourit d'aise, bien fait pour eux, parce que Juvisy, c'est le gros morceau, avec seulement un titulaire rappelé à l'armée.

En première mi-temps, le C.O.S. domine Sainte-Geneviève-des-Bois, sans parvenir à concrétiser. Saïd loupe même une belle occasion d'ouvrir la marque. Sainte-Geneviève remonte en contre et c'est Dédé Truffault qui est battu. Mené un à zéro à la mi-temps, ça sent mauvais, Pilule est inquiet. Sur le terrain, m'sieur Coulon a rassemblé ses joueurs, il ne doit pas les complimenter et Saïd est sûrement dans ses petits souliers. En tout cas, ça porte ses fruits, dès la reprise le voilà qui égalise sur coup franc. Mis en confiance, le C.O.S. reprend sa domination et, logiquement, Saïd signe le but vainqueur.

« Ah, bonjour, patron, je ne vous avais pas encore vu, s'écrie Pilule en croisant le singe à la fin du match.

— Saïd a fait une superbe seconde mi-temps, commente le père Marozi.

— Oui, et vous lui devez déjà dix mille francs.

— Qu'est-ce que tu me chantes là ?

— Comment, vous ne vous souvenez pas ? Vous nous avez promis devant m'sieur Lefèvre cinq mille francs par but marqué lors de rencontres importantes. Alors d'accord, à moi vous ne devez rien, mais à...

— Bon, bon ! Puisque tu dis que je l'ai dit, je ferai donc comme j'ai dit que tu dis. »

Saïd sourit à peine lorsque Pilule lui annonce que le singe tiendra parole. Des tables ont été dressées près des vestiaires, la municipalité offre à déjeuner aux trois clubs. Pilule n'hésite pas à s'inviter. Pendant le repas, Saïd ne desserre pas les dents. L'air absent, il ne rit même pas aux plaisanteries qui fusent de partout.

« Qu'est-ce qu'il a ? souffle Pilule à Dédé.

— Rien, répond le capitaine. Il fait ce qu'on devrait tous faire : continuer à se concentrer.

— Alors bonne concentration ! Moi, je vais chercher Geneviève. »

Elle porte une robe d'été. Pilule hoche la tête, approbateur, ça lui va super d'être en blanc. Il l'embrasse, l'assure qu'elle est très en beauté, de ce fait elle accepte un nouveau baiser, il faut savoir causer aux femmes. Sur le chemin du stade, ils rattrapent Janine. Pilule détaille la toilette de sa jumelle : ballerines, corsage rouge, jupe serrée à la taille par une large ceinture et gonflée par un jupon à plusieurs volants, c'est vrai, elle est mignonne. Il ne l'a pas encore vue de la journée, il lui fait la bise, la complimente : pour une fois elle n'est pas trop moche.

« Fortiche, l'équipe de Juvisy ! » leur déclare le père Marozi.

Le premier match de l'après-midi est commencé. Juvisy l'emporte haut la main sur Sainte-Geneviève-des-Bois, trois à zéro. Les joueurs du C.O.S. sortent du vestiaire, très applaudis. Pilule est frappé par le visage tendu de Saïd dont le teint bronzé a viré au bistre. Évidemment, l'enjeu est de taille, la victoire à tout prix car, en cas de match nul, il n'est pas prévu de prolongations et Juvisy gagnerait le tournoi grâce au *goal-average.*

« Il joue vraiment bien, le bougnoule ! déclare un spectateur en désignant Saïd.

— Espèce de raciste ! siffle Janine.

— Mais qu'est-ce que j'ai dit de mal ? J'ai fait un compliment. Oh, et puis de quoi je me mêle, espèce de pimbêche !

— Si vous continuez à insulter mon pote et ma sœur, menace Pilule, vous allez prendre mon poing sur la gueule.

— Allons, allons ! calme le père Marozi. Regardez plutôt, il peut y avoir là une occasion de but. Non, c'est fichu, ils sont deux à marquer Saïd, ils ne le lâchent pas d'une semelle. »

Zéro à zéro à la mi-temps. Après la pause, Juvisy continue à pratiquer la défensive à outrance. Ce n'est pas très sportif, mais c'est leur tactique et elle va leur réussir, le score est toujours nul. L'arbitre consulte sa montre, Pilule la sienne, le temps réglementaire s'achève, on joue les arrêts de jeu. Une clameur sur les gradins, toute l'équipe du C.O.S. monte en attaque, une-deux, passe en profondeur, Saïd se démarque, non il n'est pas hors jeu, aïe aïe aïe, manque de pot, la balle qui lui est destinée est trop haute et alors : l'incroyable ! D'un bond prodigieux Saïd intercepte de la tête et réexpédie dans la lucarne, le gardien de Juvisy saute et retombe, archibattu, aussi groggy que le flic de l'autre jour mais pas pour les mêmes raisons. L'arbitre siffle la fin de la partie, délire des supporters du C.O.S.

« Rien que pour ce but-là, je te donnerai dix mille francs ! hurle le père Marozi.

— Vous pourriez peut-être monter jusqu'à quinze mille ? marchande Pilule.

— Quel dommage qu'on n'ait pas un bouquet de fleurs pour l'offrir à Saïd, regrette Geneviève.

— Faute de fleurs, déclare Janine, je vais au moins l'embrasser comme Miss France l'a fait cette année au vainqueur du Tour de France. »

Elle court vers le héros du jour. Il l'aperçoit, s'arrête, radieux il lui sourit. Elle pose ses mains sur ses épaules et sa bouche sur la sienne.

5

Les boutons de manchettes

Elle l'a embrassé ! Lorsqu'il retourne aux *Tilleuls*, la joie de Saïd n'est toujours pas retombée. Sur le moment, il était prêt à recommencer un match si son issue pouvait lui procurer à nouveau semblable récompense. Mais plus personne n'avait envie de jouer et, gloire oblige, il a vite été séparé de Janine. Poignées de main, tapotements sur l'épaule, claques dans le dos, tous, équipiers, adversaires, supporters, officiels, tenaient à le féliciter. M. Coulon le gratifia d'un :

« Bonne fin de partie, Djaout ! En principe, cela devrait te permettre de continuer à jouer en équipe première pendant le championnat. »

Ensuite, ce fut la remise de la coupe par le maire de Savigny à Dédé Truffault – un chic type, le capitaine – qui la confia à Saïd pour qu'il puisse la brandir tout au long du tour d'honneur. Pendant la réception par la municipalité, il fut moins sollicité. Il se mit à la recherche de Janine. Elle était en compagnie de son frère et de Geneviève. Saïd s'approcha d'eux. Pilule lui dit au revoir, il fallait qu'il aille raccompagner sa fiancée. Après leur départ, Janine lui avait tendu la main, elle aussi devait rentrer à la maison, mais elle avait ajouté d'un air innocent :

« Pourquoi tu ne viendrais pas samedi prochain avec toute la bande à la fête de Morsang ? Il y aura des manèges et un bal. »

Il avait bien sûr accepté d'enthousiasme. Du doigt il se touche les lèvres, le premier baiser de sa vie, ceux de sa mère évidemment ne comptent pas et il y a si longtemps qu'il ne l'a pas revue. Sa joie perdure dans le restaurant, au point qu'il commande à Djamila un couscous brochettes. Une journée faste, y compris pour la nourriture, beurre et confiture le matin, viande midi et soir, tant pis pour son portemonnaie, demain il recommencera à être raisonnable, c'est si doux de se sentir amoureux et, sans doute, d'être payé de retour, que l'on peut s'autoriser parfois des folies.

Il va se coucher. Sa chambre lui paraît plus misérable qu'à l'ordinaire. Il se déshabille, éteint la lumière. Il est comme dégrisé. Assez rêvé, il n'est pas le grand Zitouni, il n'est qu'un joueur obscur d'un petit club amateur et demain il retourne au chantier. D'ailleurs il lui est interdit de faire des projets à long terme, dans un an il sera appelé dans l'armée française, donc il lui faudra déserter, devenir clandestin ici, à moins que le Front ne le fasse passer dans un maquis au pays. C'est pourquoi il est sage de ne pas donner suite aux ouvertures de Janine. Et puis avec quel argent serait-il allé à la fête de Morsang ? Avec quel costume et quelle cravate sans lesquels on n'est pas admis dans un bal ? Même à supposer que le singe tienne sa promesse de prime, à Sidi-Aïssa c'est la misère, un mandat supplémentaire y sera bienvenu.

Avec l'argent, il enverra aussi une lettre à son père, le marabout la lui lira. C'est son père qui l'avait inscrit au football, comme il sera fier de son fils unique ! Saïd soupire, à quoi ça sert de ne pas regarder les choses en face ? La vérité est que son père a beau être devenu infirme, il n'en demeure pas moins le chef incontesté de la famille. Et jamais, Saïd en est certain, jamais il n'autorisera un mariage avec une roumi. Allons, un homme doit savoir serrer les dents ; adieu, Janine ! Les bonnes résolutions de Saïd faiblissent le lendemain matin. Le père Marozi lui tend une enveloppe.

« Voici tes vingt mille francs. Tu vois, même si le singe avait bu un petit coup l'autre soir, il a toujours une excellente mémoire.

— Je n'en ai jamais douté, patron. Et merci infiniment !

— Deux tiers de sa paie du mois en trois heures de match, déclare Pilule. À ce compte chaque dimanche, ce n'est plus la peine que Saïd travaille pour vous, n'est-ce pas, patron ?

— Eh là, doucement ! s'écrie le père Marozi. J'ai promis une prime seulement pour les rencontres importantes et c'est moi qui déciderai celles qui le seront, ou non.

— À part ça, Saïd, poursuit Pilule, il paraît que tu te dévergondes ? Ce n'est pas trop tôt, remarque !

— Comment ça ?

— Eh bien, tu as dit à Janine que tu voulais venir à la fête avec nous samedi prochain.

— C'est que... oui, peut-être. Enfin, ce n'est pas sûr. »

Ça le devient pourtant chaque jour davantage au fil de la semaine. Le matin, en se rendant au travail, Saïd interrompt son footing pour contempler les vitrines des magasins de vêtements. Les boutiques sont alors fermées, mais ça lui donne une idée des prix. Pareil le soir lorsqu'il rentre de l'entraînement. Le vendredi, il est pratiquement décidé à couper la poire en deux : huit ou neuf mille francs pour s'habiller, mille francs pour l'entrée au bal et la consommation obligatoire, reste quand même la moitié de sa prime pour la famille qui en sera d'autant plus heureuse qu'elle ne s'y attend pas. Le samedi matin, il entre chez *Tout pour l'homme* où l'on solde, moins vingt pour cent. Il demande un costume à veston croisé, c'est ce que porte Pilule, le dernier cri du chic. Le vendeur fait la moue, c'est passé de mode depuis deux ans.

« En revanche, ajoute-t-il, j'ai ce qu'il vous faut. Tenez, regardez-moi cet article, élégant, souple, tâtez-moi ce tissu, parfait pour la demi-saison, gris clair, la couleur qui vous ira le mieux. Allez donc le passer dans la cabine, ça ne vous engage à rien ! Le prix ? Dérisoire, quatorze mille, moins la remise, onze mille deux, je vous le laisserai pour onze mille francs tout rond. »

D'emblée, Saïd se sent bien dans ce costume à veste droite, fermée par un seul bouton. Le pantalon est exactement à sa taille, même pas besoin de ceinture, par contre la longueur... Aucun problème, le vendeur s'accroupit, épingle, il préfère descendre un peu l'ourlet parce qu'il faut compter avec les talons des chaussures. Saïd se mord la lèvre, toujours en espadrilles l'été, baskets l'hiver, il les avait oubliées dans ses comptes et il ne peut décemment pas mettre ce soir celles de foot fournies par le club.

« C'est tout ce qu'il vous faut ? Chemises, cravates ?

— Ben oui, il m'en faut. »

Comme l'argent file ! Et pour l'ourlet du pantalon, oh non, pas pour mardi prochain, c'est pressé, il lui faut absolument son costume prêt en fin de journée. Bon, le vendeur va faire l'impossible, mais alors seulement pour dix-neuf heures, dix-neuf heures trente, juste à la fermeture quoi, c'est d'accord. Chaussures achetées, il ne reste à Saïd que quatre mille francs, moins mille qu'il doit garder, le mandat au père sera maigre, enfin, ça sera toujours mieux que rien.

En rentrant de l'entraînement, il va chercher son costume. Aux *Tilleuls*, il avale à la hâte trois assiettes de semoule arrosée de jus de légumes. Il ne prend ni fromage, ni dessert, il n'y a pas de petites économies. Il file dans sa chambre, se rase pour la deuxième fois de la journée. Le rendez-vous est prévu devant *Chez Bardy* à neuf heures, ça va, il est dans les temps. Il retire sa chemise neuve de l'emballage, ôte les épingles qui la maintenaient rigide sur son carton, l'enfile, maintenant la cravate – mais ça se noue comment ce machin-là ? Il frappe à la chambre voisine.

« Monsieur Khelifa, vous ne voulez pas m'aider ?

— Bien sûr, mon garçon, je vais te montrer...

Voilà ! Dis donc, tu es très élégant ce soir et tu vas en avoir du succès ! Mais pourquoi fais-tu cette tête-là ? »

Les poignets de la chemise sont à revers et prévus pour être fixés par des boutons de manchettes. Les magasins sont fermés à cette heure. M. Khelifa ne détient pas ce genre d'ustensile, ni aucun des pensionnaires, même pas les messalistes auxquels, toute honte bue, Saïd s'est également adressé. Djamila possède la solution, il suffit d'assembler deux à deux des boutons ordinaires en laissant suffisamment de fil entre eux. Elle peut fournir le matériel, pas le temps de travail car le service est loin d'être terminé. M. Khelifa regarde Saïd s'appliquer à sa couture.

« Je ne te propose pas un coup de main, dit-il, je suis encore plus maladroit que toi pour ces choses-là.

— Pourvu que ça tienne ! soupire Saïd en attachant ses pseudo-boutons de manchettes.

— Espérons-le, bien que ça ne fasse pas très joli, remarque M. Khelifa. Un conseil, mon garçon : prends soin de tirer souvent sur les manches de ta veste afin qu'on ne les voie pas. »

« Visez-moi un peu ce gandin ! sifflote Pilule lorsque Saïd arrive essoufflé devant *Chez Bardy*.

— C'est vrai que ça lui va bien, approuve Dédé

Truffault. Saïd, écoute les ordres de ton capitaine : dorénavant, tu te mettras toujours en costume pour tous les matchs. »

Quant à Janine, le regard avec lequel elle l'accueille est si éloquent que Saïd n'éprouve plus le moindre remords d'avoir dilapidé pour ses beaux yeux l'essentiel de sa fortune. Côte à côte, ils ferment la marche. Devant eux, les huit copains du C.O.S. donnent la main ou tiennent par la taille leurs fiancées ou amies du moment. Par la Vanne-des-Eaux, la Montagne-Pavée, on descend dans la vallée de l'Orge. Peu de voitures, mais des nuées de scooters et de Mobylette qui les doublent, sans doute en direction de Morsang. On passe devant chez Lampco.

« C'est là que je travaille avec Geneviève, dit Janine.

— Ah bon », répond sobrement Saïd.

Ce sont les premiers mots qu'ils échangent. À vrai dire, Saïd n'éprouve pas le besoin de parler. Il aime marcher ainsi en silence, au même pas que Janine. Après la gare de Savigny, on tourne à gauche et on monte sur l'autre versant de la vallée. La foule des jeunes sur la route est plus dense. Parvenue à Morsang, la bande du C.O.S. se concerte, il n'y a pas d'ambiance dans un bal au mieux avant dix heures, autant aller faire un tour à la fête foraine. Manèges, tapeculs, autotamponneuses, loteries en tous genres, les couples s'en vont chacun de leur côté, rendez-vous ici dans un petit bout de temps. Saïd reste seul avec Janine. Embarrassés, ils se sourient, reprennent leur déambulation côte à côte. À un stand de tir, deux parachutistes, tenue bariolée, béret rouge passé sous l'épaulette, se moquent d'un troisième. Celui-ci ne parvient pas à toucher un objectif qui déclenche un appareil-photo. Trois fois, quatre fois, il tire et échoue.

« Affirmatif, déclare-t-il en réponse à ses camarades, j'ai un peu forcé sur la bière et, à mille balles la balle, c'est trop cher, je renonce. »

Il repose la carabine. Saïd s'en empare, autant pour éblouir Janine que pour donner une leçon au para. Au diable l'argent, il tend un billet de mille francs au forain, examine l'arme, essaie à vide la détente, charge, vise et fait mouche. Un flash jaillit, Janine s'extasie ; peut-être sera-t-elle aussi sur la photo ? Le forain est prêt à le jurer, il remet un carton à Saïd, c'est pour venir chercher le cliché, à partir de demain matin.

« Hé ! mon zami, c'est chez les fellouzes que t'as appris à tirer comme ça ? demande, hilare, l'un des parachutistes.

— Mon zami, il te dit merde, répond Saïd.

— Oh mais toi, le raton, on va t'apprendre la politesse.

— Fichez-nous la paix ! s'écrie Janine.

— La ferme, espèce de paillasse à sidis !... Hé ! les gusses, vous avez vu le bicot, il a essayé de me cogner, heureusement que j'ai pu esquiver à temps ! Allez, on lui fait sa fête. »

Les trois parachutistes débouclent leur ceinturon. Tout en le faisant tournoyer, ils avancent lentement vers Saïd qui a repris la carabine et la tient à deux mains par le canon.

« C.O.S. ! C.O.S. ! » hurle Janine.

Pilule arrive à la rescousse, bientôt suivi des autres footballeurs que le cri de ralliement de la bande lors des accrochages du samedi soir a rameutés. Pilule ironise : à trois contre un les paras, rien que ça, mais dans deux secondes ils vont se retrouver à trois contre neuf. Et même davantage. À Morsang-la-Rouge, on n'aime pas les parachutistes, et encore moins les ratonnades. On s'assemble, on insulte, on menace et on fonce en bloc. Les trois paras déguerpissent, non sans promettre de revenir en force.

« Merci, Pilule, merci, les gars ! »

Saïd arbore un grand sourire.

« Incident clos ! décide Dédé. Sur ce, on va guincher. »

La municipalité étant communiste, Dédé serre la main de nombre de ses camarades de parti qui filtrent les entrées à la porte du bal. Saïd est étonné, lui il passe sans encombre, alors que certains jeunes

Français sont fouillés. Dédé lui en explique la raison, c'est uniquement pour confisquer aux méchants loulous connus de longue date leurs couteaux, coups-de-poing américains et autres chaînes à vélo. Mais ce qui surprend le plus Saïd, c'est que beaucoup d'hommes sont vêtus de jeans, polos, blousons, et lui qui croyait que costume-cravate était la tenue obligatoire. Il s'en ouvre à Janine.

« Seulement dans les dancings, lui répond-elle, et de moins en moins dans les bals populaires. Mais moi, je te préfère en costume. »

Il se rengorge. Pilule achète deux tickets pour Geneviève et lui, Dédé deux autres pour son amie et lui, ainsi de suite. Saïd a compris. Grand seigneur, il repousse le billet de cinq cents que lui tend Janine, il aura tellement de plaisir à lui offrir l'entrée, ainsi que la consommation, si elle veut bien accepter. Elle veut bien. Il palpe discrètement son dernier billet de mille francs, il hausse les épaules, ça ne peut plus constituer un mandat, il tire sur les manches de sa veste : oh et après tout, cette prime, ses parents n'ont pas besoin de savoir qu'elle a existé.

« Super, l'orchestre ! »

Après une brève pause, il vient de redémarrer par un slow. À nouveau Saïd se retrouve attablé en tête à tête avec Janine. Dès que les couples constitués se sont élancés sur la piste, les jeunes venus seuls tournent autour de la salle à la recherche d'une cavalière. L'un d'eux, brun gominé, pattes de cheveux descendant bas sur les joues, fine moustache, blouson noir, se plante à quelques mètres devant Janine. Il porte deux doigts à sa bouche, un coup de sifflet impérieux, avec un clin d'œil engageant. Saïd s'apprête à aller corriger ce flagrant manque de respect. Janine le retient par le bras, tout en secouant la tête, mais avec un gentil sourire en direction du blouson noir.

« Ne te fâche pas, Saïd ! Selon les manières d'ici, il a été très poli. Et comme j'ai refusé son invitation, je ne peux danser avec personne pendant cette série de slows. Sinon, il s'estimerait en droit de me gifler. Alors toi ou mon frère, vous lui sauteriez dessus et, de fil en aiguille, ça dégénérerait vite en bagarre générale. »

Drôles de coutumes, Saïd tire sur les manches de sa veste, pour rien au monde il n'admettrait que ses sœurs viennent en un tel endroit, il avale une gorgée de limonade. Il ne sait toujours pas de quoi parler. Janine respecte son silence. De temps en temps ils se regardent et se sourient, ils se comprennent sans mots, c'est ça un amour partagé. L'orchestre enchaîne sur un be-bop. Janine se lève, lui tend la main.

« Viens.

— Mais je ne sais pas danser.

— Tu n'as qu'à faire comme moi et tu sentiras vite le rythme. Tu verras, c'est facile. »

Oui, avec elle. Au début, Saïd se trémousse un peu en dépit du bon sens. Peu à peu il s'enhardit dans les figures où l'on se tient à distance l'un de l'autre, mais yeux dans les yeux et main dans la main avec Janine, ne bousculant au total que très peu de personnes et n'écrasant que quelques pieds. Soudain, c'est l'horreur. La manche droite de sa veste a remonté, découvrant ses boutons de manchettes qui ne tiennent plus qu'à deux fils, à un fil, avant de chuter au sol. Il s'excuse auprès de Janine, essaie de les récupérer entre les pieds des danseurs – ce qui n'est guère aisé.

« Pourquoi à moi, tout à l'heure, tu as refusé la gambille et maintenant tu l'as acceptée avec le bougnoule ? »

C'est le blouson noir qui est en train de faire une scène bruyante à Janine. Saïd se redresse, mais il est séparé d'elle par plusieurs personnes. Le temps de se faufiler, elle n'est déjà plus seule.

« Qu'est-ce que tu lui veux à ma sœur ? vocifère Pilule.

— Ma sœur danse avec qui elle veut ! clame Dédé.

— T'es trop moche pour ma sœur ! Tire-toi des pattes de ma sœur ! rugit l'un après l'autre le reste de la bande.

— Mais elle a combien de frangins celle-là ? »

Le blouson noir semble dépassé par les événements.

« Si on te le demande...

— Les cocos à Moscou ! Les cocos à Moscou ! »

Un fracas de vitres brisées, les paras sont revenus en nombre. Poignards à la main, ils frappent au hasard, renversent les tables, saccagent. D'abord surpris, le service d'ordre passe à la contre-offensive à coups de manche de pioche et de barre de fer. La bataille est violente, mais brève. Les paras se replient, emportant leurs blessés, laissant derrière eux sang et débris. Janine s'était réfugiée contre Saïd, il l'avait serrée dans ses bras. Il surprend un regard de Pilule sur eux, il la repousse doucement, affectant le détachement, lui tapotant la joue, là, là, c'est fini. Des ambulances arrivent, des brancardiers entrent dans la salle, évacuation des blessés. Un responsable communiste monte sur l'estrade, prononce un petit discours : le fascisme ne passera pas, ni à Morsang ni en France, le temps de nettoyer la salle et le bal va reprendre. La bande du C.O.S. se sépare. La majorité reste. Geneviève et Janine n'ont que la permission de minuit, Pilule et Saïd les raccompagnent. Retour à Savigny. Saïd et Janine se tiennent à distance des tendres au revoir des deux autres.

« Tu ressors avec nous samedi prochain ? demande Janine.

— Je n'ai plus d'argent, mais je vais essayer d'en trouver. »

Il n'en a guère le temps.

Le lundi, en rentrant de l'entraînement, il fait déjà nuit noire. Avec Pilule il parle de tout et de rien, tiens, ce soir Dédé n'était pas là. Ils le rencontrent sur le boulevard Aristide-Briand en compagnie d'autres jeunes à scooter. Dédé explique qu'il n'a pu venir au stade pour cause de barbouille commune des jeunes communistes et des gars de la Jeunesse ouvrière chrétienne ; au moins pour la paix en Algérie ils sont d'accord. À l'aide de pinceaux et de seaux de peinture blanche, ils en témoignent sur la chaussée.

« Les flics ! »

Les scooters démarrent en trombe. Le car de police stoppe. Pilule assure qu'ils ne sont pour rien dans ces inscriptions, la preuve, ils reviennent de l'entraînement du C.O.S., il n'y a qu'à demander à... Les flics le laissent partir. Ils embarquent Saïd, simple vérification d'identité. À peine monté dans le véhicule, les coups de matraque s'abattent sur lui, il perd conscience.

« Pas de fracture, mais un sérieux traumatisme crânien. »

Saïd ouvre les yeux. Un homme en blouse

blanche s'éloigne de son lit. Il est dans une salle d'hôpital. À Juvisy, lui précise Pilule. Après que le car de police l'eut emmené, les jeunes chrétiens et les jeunes communistes étaient revenus. Pilule leur avait raconté. Ils avaient de suite organisé une délégation avec des conseillers municipaux. Ils étaient allés au commissariat. Les flics paraissaient ennuyés, Saïd n'avait pas supporté de se voir enfermé, comme un furieux il s'était cogné la tête contre les parois du car, avant qu'on ne parvienne à l'en empêcher. Non, il n'y avait aucune charge contre lui. Oui, il pouvait porter plainte, dès qu'il serait en état de le faire, ce serait sa parole contre celle de fonctionnaires assermentés. Le mieux était de le conduire chez les fous pour le soigner de ses tendances suicidaires.

« Mais t'en fais pas, sourit Pilule, Juvisy n'est pas un asile pour les dingues. Bon, je te laisse. Je t'ai apporté des oranges. Tu as le bonjour du singe, des potes du club et ma frangine viendra te voir samedi après-midi. »

Elle lui embrasse la bouche avec douceur ; il n'a pas trop mal ? C'est vrai, il peut sortir de l'hôpital lundi ? Voilà, ça c'est un petit cadeau pour lui, elle espère que ça lui plaira. Il ouvre le paquet, se mord la lèvre, non de douleur mais d'émotion heureuse, Janine lui a offert de véritables boutons de manchettes.

6

Le contrat

Le train démarre. Sur le quai, Saïd agite la main. À la fenêtre, Pilule en fait autant. Le train disparaît, Saïd sort de la gare de l'Est. Ça y est, Pilule est en route pour le camp de Mourmelon, dans les environs de Châlons-sur-Marne. C'est toujours mieux qu'une affectation directe en Algérie, mais il n'avait pas bon moral. Il faut dire que ses fiançailles officielles datent d'à peine un mois, alors se séparer avec Geneviève, la famille, les copains, Saïd peut comprendre. Il prend le métro, direction Austerlitz. Il sourit, sacré Pilule, il n'a voulu qu'aucune femme l'accompagne, même pas sa mère. À l'exemple de

José Da Silva, il souhaitait rester entre hommes jusqu'au bout, sauf que son père est en arrêt maladie et, un matin de semaine, personne du club ne pouvait venir. Heureusement le singe a bien voulu accorder une demi-journée de congé à Saïd. Tout au long du trajet de Savigny à Paris, Pilule et lui ne se sont pas parlé. Au moment de se dire au revoir, Pilule avait presque les larmes aux yeux.

« Hé ! Saïd, tu crois qu'on se reverra un jour ?

— Bien sûr !

— Mais quand ? Et on va être des deux côtés de la barrière...

— Souviens-toi de ce que je t'ai juré, Pilule : jamais je ne te tirerai dessus.

— Et moi si, mais à côté ! Allez, mon pote, on se fait la bise, pour la première fois et peut-être la dernière. »

Ils s'étaient donné l'accolade, se tapotant mutuellement dans le dos. À la gare d'Austerlitz, Saïd reprend un train pour Savigny. Il ne peut s'empêcher de penser que, Pilule parti, Janine va sans doute se sentir plus libre. Ces ruses de Sioux qu'il a fallu déployer pour parvenir à se rencontrer le samedi soir. Janine avait cessé de sortir avec la bande du C.O.S., prétextant qu'elle avait rencontré durant la pause de midi un jeune homme bien, sans doute le grand amour dont elle rêvait, elle n'en était pas encore certaine. C'est pourquoi elle refusait d'en dire davantage à son sujet. En riant, elle éludait les questions : nom, prénom, profession, taille, couleur des cheveux, est-ce que son frère ou Geneviève connaissaient ce garçon ? Tout ce qu'elle pouvait révéler, c'est qu'il n'avait pas encore été soldat et que, donc, le mariage n'était pas pour demain. Pour l'interroger, ses parents employaient la manière directe. Pilule s'y prenait en douceur. D'abord il soutenait son émancipation, parfaitement, à vingt ans une jeune fille, qui travaille et qui sera bientôt majeure, avait droit à un soir libre par semaine et, comme elle avait toujours été sérieuse, les parents devaient lui faire confiance. Il la complimentait ou il la câlinait : « Tu sais, Janine, depuis que tu n'asticotes plus le père sur la politique, c'est redevenu vachement sympa à la maison. » « Et à moi, ma petite jumelle, tu ne veux pas me dire à l'oreille qui est ton prince charmant ? Je ne le répéterai à personne, juré ! »

Avait-il des soupçons ? À plusieurs reprises il avait proposé à Saïd de ressortir avec la bande ; si ce n'était qu'une question de fric, ça pouvait s'arranger. Il était alors facile de répondre : bien sûr l'argent, d'autant que le père Marozi n'avait pas renouvelé la prime, mais aussi la nécessité de se coucher tôt avant le match du lendemain. Une fois, Pilule l'avait testé abruptement :

« Ma frangine a rencontré le mec de sa vie. Tu n'es pas au courant ? »

Saïd n'avait pas cillé, haussant seulement les épaules, première nouvelle. Mais quel bonheur de se revoir avec Janine et quels problèmes à résoudre pour que cela reste secret ! Pour elle, partir le samedi après Pilule et revenir avant lui. Pour Saïd, calculer leurs itinéraires en fonction de ceux de la bande, par chance il les connaissait à l'avance grâce aux discussions dans les vestiaires. Les premiers temps, ils s'étaient donné rendez-vous à Paris, comptant se perdre dans l'anonymat de la foule. Mal leur en avait pris : contrôles d'identité incessants pour Saïd, insultes des badauds à l'égard de Janine lorsqu'ils la voyaient enlacée avec un Arabe, ou même lui donnant simplement la main.

« Le mieux est de rester à Savigny », avaient-ils conclu.

À condition de fuir les lieux publics, les artères bien éclairées et d'errer sans fin dans les rues désertes des lotissements du Plateau, seulement accompagnés par les aboiements des chiens à leur passage. L'automne et l'hiver avaient ainsi passé. Quand il pleuvait, ils n'avaient pas d'autre ressource que de rester blottis l'un contre l'autre sous un arrêt de bus. C'est même l'un de ces soirs-là que Janine avait proposé :

« Si tu me promets de rester sage, pourquoi n'irions-nous pas dans ta chambre ? »

Il avait refusé, non pas parce qu'il n'aurait pas respecté celle qu'il aime, mais parce que sa chambre est trop misérable pour elle.

De retour aux *Tilleuls*, il passe y prendre ses affaires de travail et de sport. Il est midi, il a dit à Djamila de ne pas lui préparer de gamelle, il va déjeuner ici. Il pénètre dans le restaurant, désert comme toujours à cette heure en semaine, une délicieuse odeur l'assaille, il la reconnaît et en a l'eau à la bouche. Il s'adresse en arabe à Djamila :

« Je parie que tu as fait des boulettes de viande.

— Oui, pour mon mari et moi, mais il y en a suffisamment pour que je t'en donne quelques-unes.

— C'est que...

— J'ai dit : "donner". Et un cadeau ne se marque pas sur une note.

— Eh bien, merci ! Tu sais, c'est les boulettes que je préférais dans la cuisine de ma mère.

— Alors, tu vas trouver les miennes moins bonnes », dit Djamila en souriant.

Non, elles sont excellentes, moelleuses, bien épicées, encore qu'il y manque quelque chose, mais quoi ? De la coriandre, pardi, cette plante dont sa mère avait toujours une réserve dans le jardin. À ce souvenir, Saïd se mord la lèvre, les yeux embués :

quand la reverra-t-il ? À elle seule il oserait confier que, comme dans les contes qu'elle lui racontait autrefois, il vit un grand amour partagé avec une jeune fille qu'en principe tout sépare de lui. Et dans moins de six mois, ce sera bien pis, à des milliers de kilomètres l'un de l'autre, c'est pratiquement certain. Récemment, Saïd a discuté avec Ahmed de son refus de servir dans l'armée française. Celui-ci l'a bien sûr approuvé et l'a assuré que, le moment venu, le Front faciliterait sa désertion et déciderait dans quel maquis l'envoyer.

Mais depuis quinze jours, on est sans nouvelles d'Ahmed. Il a sans doute été dénoncé après une violente bagarre à l'issue de laquelle un messaliste s'est retrouvé à l'hôpital. Les flics sont venus l'arrêter pour coups et blessures mais, au lieu de l'inculper et de le mettre en prison, ils prétendent maintenant qu'ils ignorent tout de lui. Aux *Tilleuls*, il n'est pas encore remplacé comme collecteur de fonds. Cela ne saurait pourtant tarder, le Front ne laisse jamais longtemps son autorité bafouée.

« Encore merci, Djamila ! À ce soir. »

Tout l'après-midi sur le chantier, Saïd ne cesse de regretter le départ de Pilule. C'est vrai qu'à eux deux ils formaient une fine équipe, bien rodée, n'ayant guère besoin de se parler pour se compléter dans le travail. Avec le nouveau, un Portugais, il y a toujours un détail qui cloche, et comme, en plus, il comprend à peine le français, on ne tient plus la cadence. Enfin, pour le temps que ça durera !

« Bonsoir, patron ! Au revoir, Celestino ! »

Saïd s'est mis en survêtement, fourni par le C.O.S. à son équipe première. Il trottine vers le stade, au moins l'entraînement va lui changer les idées. Comme d'habitude il est le premier arrivé. Il dépose son sac dans le vestiaire, ressort, reprend son footing le long des pelouses. Près de la serre, les mains appuyées sur une bêche, Mohamed le regarde s'approcher de lui. Mohamed, c'est l'homme de peine, un peu tout, jardinier, électricien, plombier, balayeur, indispensable certes mais pas très futé. Une grosse moustache, un air niais et qui croit indispensable de lui baragouiner en français :

« Hé ! Saïd, toi ti veux vinir voir mes pitites flères dans la sirre ?

— Non, merci, pas ce soir, lui répond Saïd en arabe. À part ça je te comprendrais quand même mieux si tu me parlais dans notre langue.

— C'est en effet préférable pour ce que j'ai à te dire. Suis-moi ! »

Saïd est stupéfait de la transformation qui s'est opérée chez Mohamed. À la place du gros balourd, un homme décidé, autoritaire. Très intrigué, Saïd le suit dans la serre. Mohamed lui donne d'emblée la clé de l'énigme : il est le responsable du Front pour Savigny et les communes avoisinantes. Donc, comme Ahmed doit être remplacé aux *Tilleuls*...

« Tu as de ses nouvelles ? interrompt Saïd.

— Oui, il a été torturé.

— Tu veux dire : "matraqué", comme moi je l'ai été par les flics ?

— Je dis bien : "torturé", à l'électricité. Cela se pratique systématiquement contre nos frères au pays, pourquoi voudrais-tu qu'on y échappe dans les commissariats en France ? »

Saïd se mord la lèvre et baisse la tête : pauvre Ahmed ! Il a pourtant résisté courageusement à la torture, niant être un collecteur de fonds du F.L.N. et admettant seulement s'être bagarré pour une histoire de femme. Alors, au lieu de le traduire devant un tribunal qui, au pire, l'aurait condamné à quelques mois de prison, les flics ont préféré l'expédier, sans jugement comme pour tous les suspects, au camp de concentration de Mourmelon. Saïd relève la tête.

« Mourmelon, pense-t-il, mais c'est là que vient d'être incorporé Pilule. » Mohamed se méprend sur son geste, il insiste sur le terme qu'il vient d'employer, parfaitement, ici comme en Algérie il y a des camps de concentration dans lesquels les détenus ont moins de droits que dans les prisons ordinaires : pas d'avocat, pas de visites, pas de courrier, pas de colis et des gardiens amateurs, c'est-à-dire bien plus féroces que les professionnels qui, souvent, exercent correctement leur métier.

« Tu raconteras tout cela aux *Tilleuls*, poursuit Mohamed. Si ça ne suffit pas à convaincre les derniers messalistes irréductibles, préviens-les qu'ils n'ont plus le choix : ou bien désormais ils cessent de boire, de fumer et ils paient leur cotisation, ou bien le Front va employer contre eux les grands moyens.

— Je leur transmettrai.

— Et chaque quinzaine, tu m'apporteras ici l'argent collecté.

— Comment, tu veux dire... ?

— Oui, frère, tu es désigné pour remplacer Ahmed. J'espère que tu rempliras cette mission de confiance en digne neveu de Bachir Metref.

— Tu connais mon oncle ?

— Pas personnellement, mais j'ai entendu parler de lui. Il commande le maquis de Sebdou et c'est un héros. »

Saïd sort de la serre. Il est un peu abasourdi et très fier en même temps d'avoir été distingué par le Front, et de ce que l'oncle Bachir soit considéré comme un héros. Au fond, ça n'a rien d'étonnant, son oncle est un homme courageux, c'est le meilleur tireur de l'arrondissement, il connaît le djebel à merveille et il n'a jamais aimé les Français. Tout comme le père d'ailleurs qui, s'il n'était pas infirme, serait sans aucun doute lui aussi au maquis. « Ah, songe, Saïd, si je pouvais obtenir de servir sous les ordres de l'oncle Bachir ! » Il retourne au vestiaire, serre les mains de ses équipiers. M. Coulon lui sourit.

« Alors, Djaout, c'est toujours la grande forme ? »

Saïd prend un air modeste : oui, enfin, en ce moment il se sent bien. Ça n'a pas toujours été le cas. Quand il était sorti de l'hôpital, il avait redémarré lentement, au point que l'entraîneur l'avait mis sur la touche. De n'être que remplaçant l'avait piqué au vif et il avait regagné sa place de titulaire, continuant toutefois à appréhender pour son crâne, il n'avait pas mal à l'entraînement, mais il avait peur en match. Et puis en janvier, c'était il y a deux mois, il y eut cette occasion contre Orly et de la tête il avait lobé le goal, sans bobo pour lui.

« Fantastique ! s'était enthousiasmée Janine.

— Tu as peut-être envie de lui refaire le coup du baiser au vainqueur du Tour de France ? » l'avait refroidie Pilule mi-figue, mi-raisin.

« Même s'il n'est plus là pour nous surveiller, continue de penser Saïd chaque dimanche de ce printemps 1956, ça n'a rien changé. Janine vient me voir jouer et nous ne pouvons pas nous embrasser en public par peur des commérages auprès de ses parents, c'est peut-être ça le plus dur. Quant aux samedis soirs, avec les jours qui rallongent, ce sont nos rendez-vous qui raccourcissent. »

« José est de retour ! »

Les appelés du contingent ont été maintenus sous les drapeaux au-delà de leurs dix-huit mois et de nouveaux réservistes ont été rappelés. Ceux de l'automne dernier commencent à rentrer, José est de ceux-là, méconnaissable. Il refuse de parler de son séjour en Algérie, comme il refuse de revenir au club. M. Coulon est très ennuyé, on est à la fin mai, bientôt la saison sera achevée et il ne sait toujours pas qui mettre avant-centre à la rentrée, entre Saïd qui va partir à l'armée et José qui n'en est pas vraiment revenu.

« Tu as encore fait une excellente partie aujourd'hui, Djaout ! Tiens, je te présente quelqu'un qui souhaite te parler. »

Il suffit de le vouloir très fort pour qu'un rêve se réalise. Le quelqu'un est à la recherche de nouveaux talents pour le Red Star, un grand club qui connut des heures de gloire, champion de France et vainqueur de la Coupe. Relégué maintenant en deuxième division, il entend mener une politique à long terme en faisant confiance à des jeunes. À ce propos, Saïd lui semble un sérieux espoir.

« Je vous ai observé à plusieurs reprises, monsieur Djaout, et il y a quelque chose en vous qui me rappelle Ben Barek au meilleur de sa forme. Même impétuosité, même sens de l'attaque, même finesse dans le démarquage, avec beaucoup moins de métier pour le moment, c'est évident.

— Merci, monsieur.

— Ne me remerciez pas encore, car je ne vous cache pas que le contrat est draconien : stage intensif tout l'été pour seulement cent mille francs par mois. Ensuite... »

« Seulement cent mille francs par mois », plus de trois fois sa paie de maçon, Saïd en suffoque presque, des yeux il cherche Janine, elle est en train de se diriger vers la sortie, ils ne se reverront que samedi prochain, comment la joindre d'ici là, comment... oh non !

« Bien sûr à tous ces avantages s'ajoutent les primes de match, mais qu'avez-vous, monsieur Djaout ? Si ces conditions ne vous conviennent pas, nous pouvons en discuter.

— Ce n'est pas à cause de l'argent, monsieur. Mais dans trois mois je dois partir à l'armée. »

Le recruteur du Red Star sourit gentiment, aucun problème, il suffit de faire affecter Saïd au bataillon de Joinville qui accueille les sportifs de haut niveau. Les classes n'y durent qu'un mois, avec davantage d'exercices physiques que de maniement d'armes. Après, tous les arrangements sont possibles, surtout si l'on connaît personnellement le colonel, au pire Saïd devra un soir ou deux par semaine rentrer coucher à la caserne, en France, pas en Algérie.

« Car vous conviendrez avec moi, monsieur Djaout, qu'il serait criminel d'aller faire massacrer bêtement notre élite sportive. »

C'est également l'avis de Saïd. Voilà, tout est arrangé, il n'aura ni à combattre ses frères, ni à déserter. Et avec tout l'argent qu'il va gagner, sa famille sera à l'abri du besoin. Raison supplémentaire pour ne pas demander à son père l'autorisation de se marier, dans un an, dès sa majorité ; celle de Janine est davantage proche, elle est plus âgée que lui de six mois, sa bien-aimée est une vieille – il éclate de rire.

Sur le chantier, il travaille en état de grâce. Celestino est un type supersympa et, vraiment, on ne peut lui en vouloir des quelques bourdes qu'il commet. Quant au père Marozi, c'est le meilleur des patrons : la preuve, il s'est réjoui que Saïd change de profession ; il ne faudra pas oublier de lui envoyer des billets gratis pour les rencontres importantes.

Le vendredi est jour de paie. Saïd encaisse les cotisations aux *Tilleuls*. Il subsiste trois messalistes qui refusent, Saïd les a signalés plusieurs fois à Mohamed, il hausse les épaules, tant pis pour eux, il les aura prévenus. Il va se coucher. Dans sa chambre, il relit une nouvelle fois son contrat, il le signera dimanche après-midi en présence de

M. Coulon et de tous les copains du C.O.S. La porte s'ouvre, entrent des hommes à l'air farouche.

« Montre-nous les chambres des messalistes. »

C'est une équipe spéciale du Front chargée de mater les récalcitrants. Des bruits de coups, des cris étouffés, Saïd n'aime pas cela, mais le moyen de procéder autrement ? Comme le disait Ahmed, une révolution n'est pas une partie de plaisir et, quand la persuasion a échoué, le recours à la violence, voire à la terreur, est un mal nécessaire.

Le lendemain matin, Saïd fait la grasse matinée. Il va se laver dans la cour. Le visage tuméfié, les trois messalistes viennent lui apporter leur cotisation. L'un d'eux profère cependant de vagues menaces, Saïd n'y prête pas attention. À midi, il s'offre un couscous royal : mouton, poulet, merguez, brochettes. Il dévore avec entrain, la journée sera faste. Il a rendez-vous avec Mohamed avant l'entraînement de l'après-midi. Il aura ainsi le double plaisir de lui dire que tout est désormais en règle aux *Tilleuls* et qu'il lui faut désigner un autre collecteur de fonds pour cause de départ imminent vers la gloire, la grande nouvelle qu'il doit annoncer également ce soir à Janine.

« Comment, frère, tu n'as pas entendu à la radio ? »

Dans la serre, Mohamed a empoché l'argent et

écouté Saïd. Celui-ci secoue la tête, il n'y a pas de radio aux *Tilleuls*. Mohamed lui jette un coup d'œil apitoyé avant de l'informer que, Zitouni en tête, Ben Tifour, Boubekeur, Mekloufi et tous les footballeurs professionnels ont quitté leurs clubs français le même jour. Actuellement ils se trouvent en Suisse où ils ont annoncé la création d'une équipe nationale algérienne.

« Alors tu comprends, frère, cette mesure est valable pour tous les nôtres et il t'est interdit de signer ce contrat. Allons, sois courageux, la révolution exige des sacrifices individuels et quand notre pays sera indépendant... »

Saïd n'écoute plus. À pas lents il sort de la serre, du stade. Il retourne aux *Tilleuls*, désespéré. Dans sa chambre il déchire le contrat. Il s'allonge tout habillé sur le lit, il ne veut plus voir personne, même pas Janine. Les heures passent, il est toujours anéanti ; peut-être a-t-il somnolé ? On frappe, il ne répond pas, la porte s'ouvre, Janine se précipite vers lui.

« Tu es malade, mon chéri ? Comme tu n'étais pas à notre rendez-vous, je me suis affolée et j'ai couru jusqu'ici. La dame du restaurant m'a indiqué ta chambre, mais dis-moi vite ce qui t'arrive. »

Morne, il lui raconte. Elle lui prend le visage à deux mains, leur amour est plus important que tout au monde, son homme est un ouvrier, comme elle, non vraiment elle ne se serait pas vue en femme de vedette, et puis d'abord elle va lui en proposer un de contrat et pour la vie entière : s'attendre l'un et l'autre le temps qu'il faudra, des années au besoin, elle à Savigny ou partout où il lui dira de le rejoindre quand la guerre sera terminée. Redevenu fort, il la serre dans ses bras. Elle l'embrasse, le regarde. Ils se comprennent, ensemble ils se déshabillent et, avec leurs corps assemblés, ils signent leur acte de mariage.

Au moment de repartir chez ses parents, Janine lui désigne la photo gagnée à la fête foraine et qu'il a accrochée au mur. Ils y sont bien tous les deux, Saïd en train de viser et elle en train de sourire ; n'est-ce pas qu'ils la garderont toujours cette photo ? Il le promet. Il la raccompagne jusqu'en vue de sa maison. Un dernier baiser, il revient aux *Tilleuls*, ébloui et heureux. Il pousse la porte du restaurant, la salle est obscure, seul le comptoir est resté éclairé, derrière, Djamila a l'air terrorisé.

« Sauve-toi, lui souffle-t-elle, les messalistes t'ont envoyé des tueurs. »

La porte côté cour s'ouvre avec fracas, des coups de feu, Saïd plonge par-dessus une table, roule sur le côté, se relève plié en deux et fonce dans la rue, un sprint pour sa vie.

7

La permission

À la sortie du camp de Mourmelon, Pilule se présente selon le règlement au maréchal des logis, un sous-officier du contingent qui commande le poste de garde :

« Brigadier Jean Dubois, 503ᵉ régiment de chars de combat, deuxième escadron, premier peloton, à vos ordres, maréchal des logis !

— Ne fayote pas trop, tu veux ? Bon, voyons un peu cette perme, huit jours, rien que ça ! Il y en a qui sont vernis.

— Pas tant que ça, margis ! Avant, je n'ai eu que des trente-six heures.

— Ouais, ouais, on connaît. Allez, bonne perme ! »

Pilule range sa permission dans son portefeuille, il reprend sa petite valise métallique, salue et sort, ouf ! Jusqu'au dernier moment une perme n'est jamais assurée, on est à la merci de tout, du caprice d'un supérieur comme d'une consigne générale du camp, et de ces huit jours-là, il en a rêvé pendant des semaines. C'est vrai, en six mois d'armée il n'a bénéficié que de trois fois trente-six heures. Et ça passait à une rapidité ! Arrivée à Savigny le samedi en fin d'après-midi, dîner le soir chez les parents de sa fiancée, traînasser un peu le dimanche matin, déjeuner en famille, Geneviève y était invitée et ça y était, même pas le temps d'aller dire bonjour aux copains, il fallait déjà repartir. Du coup, les tête-à-tête amoureux étaient encore plus réduits qu'avant, mais cette semaine il compte bien se rattraper, d'autant que, depuis leurs fiançailles officielles, Geneviève accepte davantage caresses et baisers.

« Tiens, voilà de la bleusaille qui se ramène ! »

Dans la rue principale de Mourmelon bordée d'innombrables bistrots, Pilule croise les nouveaux arrivants encore en civil et qui se hâtent vers le camp. Goguenard, il les accompagne par la pensée, les pauvres chéris, ils ne savent pas ce qui les attend. Ils s'imaginent débarquer dans un régiment de chars et ils n'en verront pas la queue d'un, tous envolés pour l'Algérie – ce qui n'empêche pas de devoir monter la garde jour et nuit devant leurs hangars vides ! À pedibus les bleus ils vont les faire leurs classes, à en baver, marches et contremarches, maniement d'armes, parcours du combattant, corvées en tous genres, brimades idiotes, et au bout, le crapahut dans le djebel, direct ! À moins qu'ils ne se débrouillent comme lui. Pour ça, il n'y a pas trente-six recettes : se tenir peinard, dire amen aux petits chefs, ne prendre aucun jour de prison et, au bout des deux mois de classes, demander à suivre le peloton des gradés. Si l'on est bien noté, surtout si comme Pilule on a l'habitude du sport... hou là, ne pas oublier de saluer la patrouille en gare.

« En permission ?

— Oui, mon lieutenant ! Voulez-vous la voir ?

— Évidemment ! »

Le policier militaire examine la feuille un peu trop longuement. Le cœur de Pilule se met à battre fort : quelle tuile va-t-il encore lui tomber sur la tête ? Non, rien, il est en règle, cette espèce d'ordure voulait seulement lui foutre la trouille. Il salue, monte dans la micheline pour Châlons-sur-Marne... où il en était déjà ? Ah oui, le sport, c'est incroyable le nombre de mecs de son âge qui n'en ont jamais fait, attrapant un point de côté au bout de cinquante mètres de footing ou s'écroulant au sol en moins de dix pompes. Pilule, lui, brillait dans toutes les épreuves physiques – ce qui lui a permis d'être classé parmi les premiers. Il a alors postulé pour le peloton des sous-officiers, deux mois supplémentaires, un excellent moyen pour retarder le départ en Algérie. Là, ce fut un peu plus duraille question théorie, mais il a une bonne mémoire et il suffisait de tout apprendre par cœur. Après c'était la loterie. Coup de bol, il a tiré un des rares bons numéros.

« Sont affectés sur place à l'instruction : Dubois Jean... »

Il se frotte les mains, encore huit mois de gagnés en France à encadrer les bleus, bientôt brigadier-chef, puis maréchal des logis. Mieux vaut partir là-bas le plus tard possible, parce que ce n'est pas la joie ce qui s'y passe, et les fellouzes, ils ne font de cadeau à personne. En six mois, Pilule en a vu des films du cinéma des armées, tous plus horribles les uns que les autres, sur les exactions des rebelles. Fermes incendiées, femmes éventrées, bébés égorgés, hommes mutilés, à en vomir de dégoût. Un soir, on leur a projeté des diapositives. L'une d'elles l'a empêché de dormir, on y voyait un vieillard au nez tranché et aux lèvres coupées sur ordre du F.L.N., uniquement parce qu'il avait passé outre à son interdiction de fumer. Les sous-officiers de carrière en rajoutaient encore, ne cessant de seriner :

« Au moins en Indo, les Viêts étaient des soldats qu'on pouvait respecter. Tandis que les bougnoules sont des lâches et des salopards. Vous savez ce qu'ils font à leurs prisonniers ? Ils les torturent, puis ils les enculent et, à la fin, ils leur coupent les couilles pour qu'ils souffrent plus longtemps.

— C'est de la propagande pour qu'on déteste les Algériens », disaient parfois quelques appelés en petit comité.

Pilule, lui, était plus que troublé. Peut-être les sous-offs exagéraient-ils, mais les films et les photos n'étaient pas truqués et recoupaient exactement les informations des journalistes sur place à propos des massacres d'Européens à Philippeville ou ailleurs. Certes, il n'imaginait pas Saïd capable d'accomplir de telles atrocités, mais que peut faire un homme seul pour s'y opposer si tous les autres sont d'accord ?

« Tu n'as pas une cigarette ? lui demande un soldat dans le train Châlons-Paris.

— Non, je ne fume pas. »

Tiens, justement à propos de cigarettes, il a un bonjour à transmettre à Saïd, s'il est toujours à Savigny ; voyons, quand devait-il être appelé, ce mois-ci en septembre, ou seulement en octobre ? Toujours est-il qu'à Mourmelon, il y a un camp à l'intérieur du camp, ben oui, il faut bien appeler un chat un chat, c'est un camp de concentration pour Algériens, avec barbelés, mirador, baraquements, gardiens, chiens policiers, tout quoi. Mais attention, ce n'est quand même pas un camp d'extermination nazi comme ceux dont lui a souvent parlé son père. Les prisonniers n'ont pas l'air d'y être soumis à un travail forcé et ce ne sont pas des squelettes ambulants comme l'étaient les déportés de Buchenwald ou d'Auschwitz, le matin on les voit faire leur gymnastique et parfois, l'après-midi, ils jouent au football.

« Vous n'avez pas une cigarette ? lui a demandé un jour l'un d'eux, alors que Pilule longeait les barbelés.

— Non, je ne fume pas et je donne toujours ma ration aux copains.

— Moi non plus je ne fume pas, a poursuivi l'Algérien, mais c'était pour entrer en conversation. Vous ne seriez pas de Savigny par hasard ?

— Si !

— Et c'est bien vous qui travailliez avec Saïd Djaout ? Bon, eh bien, si vous le voyez, donnez-lui le bonjour d'Ahmed.

— Je n'y manquerai pas.

— Il est interdit de parler aux détenus ! » a alors crié un gardien qui effectuait une ronde.

Pilule se l'était tenu pour dit. Plusieurs fois il avait aperçu Ahmed de loin. Celui-ci regardait dans sa direction, comme pour entrer à nouveau en contact, mais Pilule ne voulait pas se créer de problèmes et il évitait désormais de s'approcher du camp de concentration. Au fur et à mesure de l'avancée du train vers Paris, ses pensées deviennent plus riantes. Geneviève en est le centre. Il imagine leurs retrouvailles. Dans moins de deux heures il arrive à la maison. Là, il se met aussitôt en civil. Un bon petit casse-croûte, la mère a toujours ce qu'il faut sous la main, et hop, à bicyclette pour aller attendre à la sortie de Lampco. Ah oui, il y aura Janine. Bien content de la revoir la frangine, mais il ne faudra pas qu'elle s'incruste dans leurs pattes. D'ailleurs elle devrait comprendre ça toute seule, maintenant qu'elle a dégotté son prince charmant. Là-dessus c'est encore mystère et boule de gomme, enfin, ce ne sont pas les oignons de Pilule.

Paris-Est, terminus, tout le monde descend.

Métro, train de banlieue, Pilule frétille d'impatience. Pourquoi soudain pense-t-il au père ? À Mourmelon, s'il est gâté en mandats et en colis, en revanche il reçoit peu de courrier, personne dans la famille n'est très porté sur l'écriture, et lui encore moins que les autres. Voici donc au moins un mois qu'il n'a pas eu de nouvelles du vieux, pourvu que son hypertension ne se soit pas aggravée.

« Jeannot, oh mon pauvre Jeannot !

— Mais qu'est-ce qu'il y a, m'man ?

— Ton père, oh, mon pauvre Jeannot... »

Pilule se dégage doucement de l'étreinte de sa mère en pleurs, voyons, qu'est-ce qui lui est arrivé au père ? Il a eu une attaque voici dix jours, hémorragie cérébrale, depuis il est paralysé et ne peut plus parler, les sanglots de la mère redoublent, elle ne savait pas comment prévenir Pilule, par lettre c'était trop compliqué et puis comme il devait venir en permission... Gorge nouée, Pilule essaie d'avaler sa salive, mais où se trouve le père, à l'hôpital ? Non, là, dans sa chambre, Pilule s'y précipite. Le père est allongé sur le dos, les yeux clos, le drap tiré jusqu'au menton.

« Papa ! »

Le malade ouvre les paupières, son visage reste immobile, yeux éteints. La mère chuchote, sans doute il entend, peut-être même il comprend, sans pouvoir répondre, plus jamais. Pilule hoche la tête, les bras ballants, il n'ose pas embrasser le père et il ne sait pas quoi lui dire.

La mère s'approche du lit.

« C'est Jeannot, ton fils, il est en permission. Je vais lui donner à manger, et après, il reviendra te voir. »

Les paupières se referment. La mère et Pilule retournent dans la cuisine. La mère ouvre le réfrigérateur : qu'est-ce qui lui ferait plaisir à son Jeannot, une cuisse de poulet, un steak ? Non, rien, merci, il n'a pas faim ; c'est arrivé comment ? La mère se remet à pleurer, un malheur ne frappe jamais seul dans une maison, tout ça c'est de la faute de Janine.

« Quoi ?

— Hélas, mon pauvre Jeannot ! Ta propre sœur est enceinte de ce... de ce... de celui qui travaillait avec toi.

— Saïd ?

— Moi, je ne veux même pas prononcer son nom, mais elle, elle le chante sur tous les toits. Elle est grosse de près de trois mois, elle en est fière et, le pire, elle veut garder et élever son bâtard ! Alors quand elle nous a annoncé ça, ton père n'a pu le supporter. D'un bond il s'est levé de table et du doigt il lui a désigné la porte en lui criant : "Fous le camp !" Elle est partie en courant sans rien emmener et, au lieu de se rasseoir, ton père s'est écroulé comme une masse... Où vas-tu, Jeannot ? »

Il ne répond pas. Une rage froide l'a envahi, avec une seule idée : retrouver ce fumier de bougnoule et lui faire payer. Il réfléchit en sortant son vélo du sous-sol. Si Saïd est encore à Savigny, il est inutile de s'encombrer de témoins sur un quelconque chantier ou sur le stade. Le mieux est de l'attendre dans sa chambre et de lui régler son compte entre quat'z'yeux, le close-combat de l'armée n'est pas fait pour les chiens, on y apprend l'art de briser une colonne vertébrale, réussir un étranglement ou, préférable en la circonstance, frapper à mort dans les parties sexuelles.

« M'sieurs-dames ! »

Dès son entrée en trombe aux *Tilleuls*, Pilule s'est aperçu qu'il s'est fourvoyé, il ne s'est pas changé et un militaire français ne se présente pas ainsi seul dans un repaire de bougnoules. Les hommes présents dans le restaurant se sont levés, deux d'entre eux sont allés se mettre devant la porte, lui coupant toute retraite. Il a alors dit bonjour, ôté son béret noir de chasseur de chars et maintenant il s'efforce de sourire à la patronne en avançant vers le comptoir.

« Je suis Pilule, vous savez, le copain de Saïd.

— Oui, vous êtes déjà venu ici. Et Janine m'a dit que vous alliez avoir une permission.

— Vous la connaissez donc ?

— Depuis peu de temps. Quand votre père l'a mise à la porte, elle ne savait pas où aller. Elle a dormi une nuit ou deux chez votre fiancée, mais ce n'était pas une solution. Alors, en attendant de trouver quelque chose à louer, elle occupe la chambre de Saïd. Oh, soyez tranquille, ici tous les hommes respectent la femme de votre ami et la future mère de son enfant. Et ils respectent de même votre fiancée quand elle vient voir Janine.

— Ah bon ! Et Saïd ?

— Il a dû partir.

— Au pays ?

— Je ne sais pas. »

Pilule comprend qu'il n'en saura pas davantage sur celui qui a déshonoré la famille. Il dit au revoir, fait demi-tour, avance d'un pas décidé vers la porte. Les deux hommes regardent en direction de la patronne, elle doit sans doute leur faire signe de le laisser passer, sans un mot ils s'écartent. Dehors il reprend son vélo. Sa rage a changé momentanément d'objet. De Janine il ne se soucie pas, il n'a plus de sœur, c'est à Geneviève qu'il en veut.

« Je t'interdis d'aider cette putain qui est responsable de l'état de mon père ! Et je t'interdis de refoutre les pieds chez les bougnoules !

— Écoute, Jean, reprends-toi et parlons calmement. Tu ne m'as même pas encore embrassée...

— Pas de danger que je le fasse avant que tu me jures...

— Je n'ai rien à te jurer et tu n'as rien à m'interdire à ce sujet, nous ne sommes pas encore mariés, que je sache !

— Et je ne suis pas prêt de l'être avec la bonne amie des bougnoules, tchao ! »

Abandonnant Geneviève catastrophée, il remonte sur son vélo, pédale à toute allure. Les dents serrées, il escalade la côte raide de la Montagne-Pavée. L'effort violent le calme quelque peu, parvenu sur le Plateau il recommence à réfléchir. Comme il a été floué par ces deux-là, son soi-disant meilleur ami et sa sœur jumelle à laquelle il était tant attaché ! Et si ça se trouve, Geneviève était au courant depuis le début. Il revoit les scènes qui avaient alimenté ses soupçons, le son de la voix de Saïd un midi sur le chantier, le baiser lors du tournoi, le bal à Morsang et, peut-être davantage, des regards qu'il avait surpris entre eux. Il aurait dû mieux surveiller sa sœur, la pister au besoin le samedi soir, en parler aux parents avant que le mal ne soit irrémédiable, mais lui ne pensait qu'à une chose : ne pas perdre une minute avec son ex-fiancée, cette pouffiasse !

« Je veux bien un steak saignant, m'man. »

Toute la soirée en tête à tête silencieux avec la mère, il ne cesse de penser aux moyens de venger son père et de punir sa sœur. Si le bougnoule est retourné chez lui, autant chercher une aiguille dans une botte de foin, encore que, si l'on y consacre toute son énergie, on peut avoir une chance de mettre la main dessus. Au matin, sa décision est prise. Il s'approche du lit du père, se penche vers lui.

« Je te le jure, p'pa : je retrouverai ce salopard et je lui ferai la peau. »

Les paupières du malade se soulèvent, se referment, deux fois, trois fois. Pilule a la certitude que le visage du père est apaisé.

SECONDE PARTIE

SUR LES HAUTS PLATEAUX DE L'ORANAIS

1

Refus d'obéissance

« Vous avez écourté votre permission de votre plein gré et vous avez demandé à me voir, que se passe-t-il, Dubois ?

— Voilà, mon capitaine : je ne souhaite pas rester ici à l'instruction et je me porte volontaire pour partir de suite en Algérie.

— Eh bien bravo, Dubois ! Non seulement je vais appuyer chaudement votre requête, si rare chez les appelés du contingent, mais je vais proposer qu'en récompense, vous bénéficiiez d'une promotion directe comme maréchal des logis, sans passer par le grade de brigadier-chef.

— Merci beaucoup, mon capitaine ! Est-ce que je peux vous demander une autre faveur ?

— Je vous écoute.

— Je voudrais être affecté sur les hauts plateaux de l'Oranais. »

Le capitaine fronce les sourcils, car pour les hommes du 503ᵉ la destination est la Grande Kabylie, ce n'est pas du tout le même secteur géographique, et peut-il connaître les motifs de cette curieuse démarche ? Pilule le regarde droit dans les yeux, il a un compte personnel à régler avec un... avec un Arabe de cette région-là. Le capitaine sourit d'un air condescendant : voyons, Dubois, ce n'est pas parce qu'on a eu une altercation avec un... un Français musulman de souche nord-africaine, qu'on doit transformer la guerre... disons plus exactement la pacification du territoire national en affaire privée. Pilule se raidit et explose :

« Ce n'est pas une simple dispute, mon capitaine ! Ce salaud a déshonoré ma sœur, elle est enceinte, mon père en a fait une attaque, il est paralysé à vie et ma mère en mourra de chagrin ! »

Le capitaine cesse de sourire, en effet, un viol perpétré à l'encontre d'une jeune fille française est un crime abominable qui ne saurait rester impuni. Il est donc légitime que Pilule veuille retrouver à tout prix le coupable puisque, le capitaine le suppose, la police a été une fois de plus incompétente(?). Pilule se contente de hocher la tête, peu importe quelques petites entorses à la vérité, l'essentiel est que le capitaine s'intéresse à son histoire. Ce dernier se caresse le menton : voyons, soyons clairs et précis, qu'est-ce qui permet de supposer que le... cet ignoble individu se soit réfugié dans l'Oranais ? Pilule n'en a bien sûr pas la certitude, mais ça lui semble logique. Le nommé Saïd Djaout, une vague relation de travail et de club sportif, devait être appelé ce mois-ci sous les drapeaux. Il est plus que probable qu'il ait déserté et : ou bien il se trouve encore en France, ou bien il est retourné chez lui. Pilule penche pour la seconde solution dans la mesure où il est plus facile pour un... Arabe de se cacher parmi les siens dans un village perdu de montagne.

« Ce n'est pas impossible, approuve le capitaine. Peut-être même a-t-il rejoint les rebelles de son secteur ? Qui se ressemble s'assemble. Auquel cas, que vous traquiez des bêtes enragées dans l'Oranais, plutôt qu'en Kabylie, revient au même pour la bonne santé de la France.

— Je le crois aussi, mon capitaine.

— Je suis heureux de constater que, au-delà de votre douloureux problème, nous sommes d'accord sur le fond, c'est-à-dire sur l'intérêt supérieur de la patrie. Je vais donc être d'autant plus à l'aise pour plaider votre cause auprès du colonel. Même s'il y a une chance sur cent mille de tomber pile, il est satisfaisant pour l'esprit de la courir. »

Le capitaine prend quelques notes : Djaout, ça s'épelle comment ? Dernier domicile connu ? Originaire de Sidi-Aïssa, il doit y en avoir des quantités, arrondissement de Sebdou, voilà qui circonscrit mieux le gibier. À quelle date s'est déroulé le forfait dont Mlle Dubois a été l'innocente victime ? Pilule compte sur ses doigts : Janine est enceinte de près de trois mois, a dit la mère, donc ça doit dater de la fin juin. Le capitaine hausse les sourcils. Pilule improvise :

« Vous comprenez, mon capitaine, ma sœur avait tellement honte qu'elle ne l'a révélé que très récemment à mes parents.

— Oui, je comprends. Il paraît que cela arrive souvent dans ce genre d'affaire. Bien ! Dubois, vous avez eu raison de vous confier à moi. Dès que j'ai du nouveau, je vous le fais savoir, et surtout, ne perdez pas courage : l'armée est une grande famille qui n'abandonne jamais les siens dans le malheur. »

Les jours suivants, Pilule se morfond à l'instruction des nouvelles recrues. Marches au pas, maniement d'armes, exercices de tir, embuscades fictives lui paraissent des jeux d'enfants. Lui, il est pressé d'en découdre pour de vrai. Lorsqu'il longe le camp de concentration, il hausse les épaules au souvenir de son trouble du début, voilà comment il faut traiter les bougnoules, tous les enfermer pour les empêcher de nuire et avoir la paix.

« Dubois, au rapport du capitaine ! »

Tout sourire, il avait raison de dire que l'armée est une mère pour ses enfants : en haut lieu on s'est vivement intéressé au cas de Pilule, d'autant plus que son père a été un résistant courageux au service du général de Gaulle. En conséquence, le capitaine n'a que de bonnes nouvelles à annoncer. La sécurité militaire, en étroite liaison avec la gendarmerie, a vite retrouvé la piste du criminel, soupçonné de surcroît d'appartenance au F.L.N. et, bien évidemment, porté déserteur depuis deux semaines. Début juillet, il est signalé à Marseille. Là, aucun fait précis ne pouvant alors lui être reproché et comme il déclare aller rendre visite à sa famille, il obtient l'autorisation de s'embarquer sur une ligne régulière à destination d'Oran. Il est encore contrôlé à Tlemcen et à Sebdou où l'on perd sa trace. Donc, à l'évidence, il a rejoint les fellagas. Pilule hoche la tête. Le capitaine prend un air satisfait.

« Eh bien, vous et moi n'avons pas trop mal raisonné, n'est-ce pas ? Cet odieux individu se trouve bien dans le secteur, à Sidi-Aïssa ou à proximité. Quoiqu'il y ait à propos de cette zone des faits que je n'ai pas le droit de vous révéler, car il s'agit d'un secret militaire en métropole. Mais rassurez-vous, vous en serez vite informé en arrivant là-bas.

— Alors ça signifie... ?

— Affirmatif ! Vous êtes muté en tant que maréchal des logis, toutes mes félicitations, au 3e cuirassiers dont le poste de commandement est à Sebdou et dont le troisième escadron campe dans les environs de Sidi-Aïssa, à la frontière marocaine. Naturellement, seuls vos chefs seront mis au courant du pourquoi de votre affectation. »

Pilule trouve aussi cela préférable. Il sort tout guilleret du bureau du capitaine. Il a l'impression, sinon de toucher au but, du moins d'être sur la bonne voie. Le soir, pour la première fois depuis son retour de permission, il s'endort vite, sans être hanté des heures durant par le visage paralysé de son père.

Le lendemain, il achète au foyer du soldat ses galons de maréchal des logis, du contingent précise-t-il, car ceux des militaires de carrière ne sont pas tout à fait semblables. Il doit les coudre lui-même sur les manches de sa tenue. Ses camarades de chambrée sont intrigués par une promotion aussi rapide : pas possible, il y en a qui sont pistonnés. Il leur annonce qu'il part de suite en Algérie. Ils le plaignent, s'indignent, il avait été affecté à l'instruction, ce n'est pas juste, l'armée n'a pas de parole. Il la défend, c'est lui qui est volontaire. Ses voisins se taisent net, s'écartent de lui. Il part sans adieu à personne.

À Marseille, au camp de transit Sainte-Marthe, il dort beaucoup moins bien, des bataillons de puces et des régiments de punaises en sont la cause. Il est d'autant plus impatient de trouver une place sur un bateau. Chaque matin il se rend au bureau des passages. Tous les transports de troupes affichent complet, priorité est donnée aux unités constituées, Pilule en tant qu'isolé doit attendre. Il s'en plaint au sergent d'accueil. Celui-ci est également un appelé du contingent qui lui glisse à l'oreille :

« Ne sois pas si pressé : huit jours de plus en France, c'est toujours bon à prendre !

— Oui, mais il y a des petites bestioles dans les baraquements.

— Eh bien, si tu as de quoi, prends une chambre dans un hôtel en ville. Tu me dis seulement où et je te ferai signe.

— C'est que... c'est que je suis fauché. »

Ce qui n'est pas exact, sa mère l'a amplement pourvu d'argent. Le sergent lui trouve enfin une place sur le *Ville d'Oran*, un bateau mixte, militaire et civil. Pilule apprécie au plus haut point sa promotion comme sous-officier. Alors que les hommes de troupe voyagent avec les familles arabes, à fond de cale, sans voir le jour, lui pour son premier voyage en mer il se prélasse en seconde classe au milieu de belles dames au fort accent pied-noir. Il partage sa cabine avec un autre maréchal des logis et qui va à Tlemcen effectuer son deuxième séjour en Algérie, un vrai baroudeur, couvert de médailles, sauf qu'il est sujet au mal de mer. Dès la sortie du port de Marseille, il est malade et se traîne de sa couchette au lavabo et vice versa. Pilule est fier d'avoir le pied marin. Il déjeune comme un prince dans la salle à manger, estimant que le service est digne des plus grands restaurants où il n'a jamais mis les pieds. L'après-midi, il partage son temps entre le cinéma et un bain de soleil sur le pont, mollement étendu dans une chaise longue. Il ferme les yeux, survient Geneviève, il éprouve nostalgie et regret, n'a-t-il pas été trop dur avec elle ? Il est l'heure de dîner.

« Ce soir, je peux vous proposer le choix entre des escalopes à la crème et des rougets grillés.

— Escalopes à la crème, j'adore ça ! »

Le maître d'hôtel note sa commande. C'est copieux. Pilule se régale, sans doute sa mère aurait-elle mis moins de crème et surtout davantage fraîche, mais il ne faut pas se plaindre à côté de la boustifaille du camp de Sainte-Marthe. Du doigt, il attire l'attention du serveur, peut-il avoir du rab ? Naturellement ! Le bateau commence à rouler sérieusement de droite à gauche, tout en montant de plus en plus haut et en descendant de plus en plus bas, c'est rigolo, on se croirait sur les montagnes russes à la fête foraine. Le voisin de table regarde d'un air dégoûté la deuxième escalope à la crème de Pilule, soudain il porte la main à sa bouche et se lève précipitamment. Amusé, Pilule suit des yeux son départ rapide de la salle. Il n'est d'ailleurs pas le seul à fuir ainsi, civils et militaires se bousculent vers la sortie. Bientôt il ne reste plus que les serveurs et quelques vieux loups de mer, dont Pilule.

« Je peux donc ravoir la même chose ?

— Autant que vous en voudrez, monsieur. »

À la sixième escalope à la crème, Pilule cale. Repu, il recule sa chaise, contemple la mer à travers un hublot, les vagues semblent submerger la vitre et, l'instant d'après, en disparaissent. Pilule se sent bizarre, un haut-le-cœur, à son tour de tanguer entre les tables, la main devant la bouche.

« Encore une petite escalope à la crème ? » lui propose au passage le serveur.

Sur le pont, il s'affale contre le bastingage afin de rendre l'âme. Un peu soulagé, il va s'étendre dans sa cabine. Le baroudeur est toujours au-dessus du lavabo. À peine Pilule est-il allongé que la chanson de Marcel Amont, *L'Amour en mer qui vous exaspère,* vient l'obséder au rythme des mouvements du bateau, il se relève à la hâte, direction le lavabo.

« Pousse-toi », dit-il au baroudeur.

Ils se relaient ainsi, une partie de la nuit. Ça crée

des liens. Au matin, encore flageolants, ils montent ensemble sur le pont. Mer d'huile, le bateau entre dans la rade d'Oran. Pilule est saisi par la beauté du paysage, le soleil, les couleurs, bleu du ciel, blancheur de la ville, violet et ocre des montagnes.

« Chef, je te cire tes chaussures ! Chef, je te porte ton paquetage ! Chef, donne-moi une pièce ! Chef, donne-moi à manger ! Chef, chef ! »

Dès sa descente sur le quai, une nuée de gamins en haillons assaille Pilule.

« Foutez le camp ! tonne le baroudeur.

— Mais ils ont faim, proteste faiblement Pilule.

— Et alors, t'as de quoi les nourrir tous ? Allez, viens, on va se renseigner pour la suite du voyage. »

La voie ferrée Oran-Tlemcen a encore été sabotée et, le temps de la remettre en état, aucun départ de train n'est prévu avant le lendemain. Le baroudeur déconseille un séjour au camp de transit, pire que celui de Marseille. Par contre, il connaît dans le quartier européen une pension de famille où les prix sont modérés. Effectivement, pour deux mille francs chambre et repas compris. La patronne est une volumineuse pied-noir, bavarde et chaleureuse, elle n'a de cesse de gâter les braves petits gars qui viennent la défendre, elle et les siens, contre les terroristes, encore que depuis des mois il n'y a pas eu d'attentats dans Oran. La pacification est donc en train de réussir, Pilule est optimiste. Ou bien les fells épargnent la ville pour s'en faire une base de repos tranquille, le baroudeur est réaliste. Après un couscous parfumé, épicé, fort digeste sur un sol ferme, Pilule s'accorde une sieste. Le baroudeur le réveille :

« Hé ! tu viens avec moi chez les filles ?

— Quelles filles ?

— Ben, les putes. Tu verras, rue de l'Aqueduc ce n'est qu'une succession de bordels.

— Heu... non, merci, bafouille Pilule. Il faut que j'écrive à ma fiancée. »

Ça lui est venu sans qu'il réfléchisse. Et au fond, pourquoi pas ? Le seul tort de Geneviève est d'avoir été trop bonne envers une qui ne le mérite pas. Si elle lui promet de ne plus s'en occuper, ou alors comme ça de loin, tout peut recommencer entre eux comme avant. Un chantage affectif est plus facile à imaginer qu'à coucher sur le papier. Après plusieurs tentatives qu'il déchire, Pilule sort acheter des cartes postales. On est au début octobre et, ici, c'est le plein été, femmes en robe légère, soldats décontractés en short et chemisette. Pilule étouffe dans son uniforme de gros drap. Il s'installe à l'ombre d'une terrasse, commande un soda, écrit une carte à sa mère. Elle ignore qu'il est en Algérie. Il l'en informe, expliquant sobrement qu'il a retrouvé la trace du salopard, elle le dira au père qui en sera un peu apaisé. Que mettre à Geneviève ? *Souvenir d'Oran*, c'est un peu sec ; il ajoute : *M.B.B.S.T.B.A.* – ce qui, comme chacun sait, signifie : « Mille bons baisers sur ta bouche adorée. »

« Un retard indéterminé est annoncé pour le train à destination de Tlemcen, clame un haut-parleur.

— Reçu cinq sur cinq ! approuve le baroudeur. Les fells n'ont pas besoin de connaître notre horaire précis.

— Qui c'est ceux-là ? » demande Pilule.

Il désigne au baroudeur une vingtaine d'Algériens assis à même le sol dans un wagon plat et découvert placé en tête du train. Derrière ce wagon, mais devant la locomotive électrique, une draisine d'où ils sont surveillés par des soldats.

« Bof, répond le baroudeur, il s'agit de suspects quelconques. Comme ça, si le train saute sur une mine, ils écoperont les premiers. »

Est-ce bien juste s'ils sont seulement suspects et donc que leur culpabilité n'est pas prouvée ? Pilule se garde bien de formuler sa question au baroudeur. Ils s'installent dans un compartiment vide de deuxième classe. L'attente du départ se prolonge. Le soleil cogne sur les wagons métalliques. Pilule a ôté blouson et cravate. Il a soif. Pas question d'aller à la buvette, le train peut démarrer à tout moment. Un enfant algérien passe la tête dans le compartiment.

« Chef, tu veux que je te rapporte un soda bien frais ? demande-t-il à Pilule.

— Ah ben ça, c'est gentil ! Tiens, voilà deux cents francs pour deux sodas glacés, plus cent francs pour ta commission.

— À tout de suite, chef ! »

L'enfant saute sur le quai, disparaît en courant. Pilule croise le regard ironique du baroudeur. Il comprend un peu tard qu'il s'est fait avoir, évidemment trois cents francs sont préférables à cent, mais quand même, dès le plus jeune âge, quelle sale race ! Et bien fait pour les suspects placés à l'avant du train.

« Ces places sont libres ? »

Un gendarme entre. Son poignet gauche est menotté au poignet droit d'un soldat français en simple treillis, sans ceinturon, crâne rasé. Derrière, un second gendarme. Tous trois s'asseyent, le prisonnier au milieu. Celui-ci a un visage banal, pourtant d'emblée Pilule lui trouve un vague air de famille avec Dédé Truffault. Il ne se trompe pas.

« Pris la main dans le sac ? questionne le baroudeur.

— Pire, répond le second gendarme, un coco qui refuse d'obéir.

— Je ne refuse pas d'obéir si c'est pour défendre mon pays, proteste le prisonnier, mais je refuse de prendre les armes contre le peuple algérien.

— La ferme ! ordonne le premier gendarme. On la connaît ta leçon.

— Si vous ne voulez pas que je parle, vous n'avez qu'à me bâillonner.

— Eh bien, parle, ça ne nous fait ni chaud ni froid. Et pendant tes deux années de prison, tu auras tout le loisir de parler aux murs. »

Le train démarre enfin. Le premier gendarme libère son poignet, puis referme le bracelet sur l'autre main du prisonnier, être menotté tout le trajet lui apprendra à causer à tort et à travers. Pilule supporte mal la situation. Il est gêné, il éprouve de la pitié et une certaine admiration pour le prisonnier, deux ans de taule pour être en accord avec ses idées, il faut les faire, il évite de le regarder, il sort dans le couloir. Jusqu'à Tlemcen il s'efforce de ne penser qu'à une seule chose : avec trois mois d'avance sur lui, Saïd a parcouru le même trajet, il importe maintenant qu'il ne puisse plus jamais en effectuer le retour.

« Un convoi pour Sebdou ? Pas avant deux ou trois jours. »

Pilule et le baroudeur se séparent, à la revoyure ! Pilule trouve le temps long dans la caserne de transit. On lui a déconseillé de sortir en ville où le climat est tendu. C'est vrai, ce qu'il en a vu ne ressemblait en rien à Oran, chevaux de frise en travers des rues, barrages, patrouilles armées, le doigt sur la gâchette, Algériens houspillés, bousculés, contrôlés, fouillés. À nouveau il s'est senti mal à l'aise, s'il est normal de vérifier qu'ils sont en règle, pourquoi les rudoyer tous ainsi ? Oh et puis zut, ils n'avaient qu'à pas se rebeller contre la France. Il se procure deux nouvelles cartes postales au foyer, une pour sa mère : *Affectueuses pensées*, une pour Geneviève : *Souvenir de Tlemcen. M.B.B.S.T.B.A.*

« Dépêchez-vous, l'heure du convoi a été avancée, il part à la minute. »

« Reçu cinq sur cinq », aurait dit le baroudeur. Pilule grimpe en hâte dans un camion débâché, s'assoit sur un banc au milieu de soldats. L'escorte est impressionnante : deux chars, des half-tracks, des automitrailleuses, et un hélicoptère qui survole le convoi. Un autocar bondé d'Algériens et des autos conduites par des Européens viennent s'y intercaler. La montée vers Sebdou est très lente. La route en lacet est souvent dominée par des falaises abruptes. Voilà encore un endroit idéal pour une embuscade, ne cesse de penser Pilule qui regrette de n'être pas armé. De temps à autre le convoi stoppe. Les soldats sautent alors des camions et des half-tracks pour aller reconnaître les sommets et les cols. Ce n'est qu'en fin d'après-midi que l'on parvient sur les hauts plateaux. La route goudronnée est alors toute droite, bordée d'alfas à perte de vue. Au loin on aperçoit l'imposante forteresse de Sebdou. En s'en approchant, Pilule distingue des alignements de grandes tentes faites de peaux de chameaux. Chacune de ces tentes porte un numéro peint en blanc.

« C'est quoi ? demande-t-il à un soldat.

— Ça s'appelle des *raïmas.* En fait, c'est un camp de regroupement pour les nomades qu'on empêche maintenant de se trimballer avec leurs troupeaux et pour tous les gens que l'on a chassés de la zone interdite.

— Zone interdite ?

— On voit bien que vous débarquez de France, margis ! Vous voyez le djebel là-bas, à droite de la citadelle ? Eh bien, c'est là qu'elle commence. »

2

Zone interdite

Trois mois auparavant, Saïd avait effectué le même voyage que Pilule. Il embarquait également à Marseille sur le *Ville d'Oran* mais, plutôt que de voyager à fond de cale dans le bruit assourdissant des machines et le peu d'air surchauffé qui rend tout le monde malade, en vieil habitué de la ligne il avait préféré payer un supplément pour obtenir une chaise longue et une couverture en plein air sur le pont inférieur.

Maintenant il regarde s'éloigner la côte française : quand pourra-t-il revenir et, surtout, quand reverra-t-il Janine ? Dire qu'il y a quelques jours à peine elle était devenue sa femme et qu'ils s'étaient juré un amour éternel. Ensuite ce fut la fuite devant les tueurs du M.N.A. Saïd les avait aisément distancés grâce à sa vélocité et à sa connaissance du labyrinthe des rues parallèles et perpendiculaires du plateau de Savigny. Sa course l'avait amené à proximité du stade. Il en avait escaladé la clôture et il s'était dirigé vers la serre. Elle était fermée, mais Saïd savait que Mohamed cachait la clé tout près de la porte, sous un pot à fleurs renversé. Une fois à l'intérieur, il avait fini par s'endormir sur des bâches. Au matin, il s'était dissimulé dessous.

Ce fut cette journée du dimanche la plus dure. Sans boire et sans manger, à étouffer, à entendre l'après-midi les applaudissements et les clameurs accompagnant le dernier match de la saison, avec sans aucun doute Janine venue le voir jouer comme à l'ordinaire. Il l'imaginait là, à quelques dizaines de mètres, d'abord intriguée par son retard, puis inquiète de son absence. Et M. Coulon, comment réorganisait-il l'équipe au dernier moment ? Et que disait-il au recruteur du Red Star alors que le contrat aurait dû être signé à la fin de la partie ? Dégoulinant de sueur sous ses bâches, Saïd s'était mordu la lèvre et il avait enfoncé ses ongles dans ses paumes pour ne pas pleurer.

Le lundi matin, dans le stade désert, Mohamed était enfin venu au travail. Mis au courant, il lui avait apporté de l'eau et de la nourriture, mais Saïd avait dû encore rester toute la journée dans la serre. À la nuit, une voiture était venue le chercher le long du stade. Un frère inconnu et pas bavard l'avait conduit chez un autre frère à Juvisy. Deux jours là à attendre la décision du Front. Elle correspondait à ce qu'espérait Saïd, servir sous les ordres de l'oncle Bachir.

« Puisque tu es grillé en France et que, de toute façon, tu aurais dû déserter dans trois mois, autant que tu rejoignes de suite le maquis de Sebdou.

— D'accord, mais comment ?

— Le plus simplement du monde. Tu vas retourner au grand jour dans ta famille. Tes papiers sont en règle ?

— Oui, je les ai toujours sur moi.

— Tu as de l'argent ?

— Sauf ma cotisation et ma pension que j'ai réglées aux *Tilleuls*, ma paie est intacte.

— Parfait ! Voici la liste de tes différents contacts. Apprends tout cela par cœur et brûle le papier. »

Les noms ne disaient rien à Saïd, sauf pour Sebdou celui de Rabah Achour, un cousin éloigné, riche et avare – quelle surprise de le retrouver membre du Front –, et pour Sidi-Aïssa celui de... Rachid Djaout ! Saïd avait souri avec fierté, même infirme le père était utile à la révolution. Décidément il allait se retrouver en famille au maquis.

Il avait donné de l'argent à son hôte pour que celui-ci lui achète une valise et quelques habits. Pour son long voyage, Saïd préférait ses habituels jean, polo, baskets. Il avait rangé son costume, nettoyé et repassé chez le teinturier. Il ne le remettrait que pour arriver à Sidi-Aïssa, afin que sa mère et ses sœurs le trouvent beau. Puis son hôte l'avait accompagné à la gare de Lyon. Saïd se dévissait la tête pour vérifier s'il n'était pas suivi, mais nul tueur messaliste n'avait surgi dans le métro ou près des guichets des grandes lignes et il n'avait même pas été contrôlé par la police.

Il en avait été différemment à Marseille. Des gendarmes avaient longuement examiné ses papiers, ils l'avaient interrogé sur sa destination et l'avaient fait attendre deux heures dans un local avant de le laisser repartir. Son contact habitait dans le quartier populaire de la Belle-de-Mai et s'appelait Pierre Amelot, un nom européen qui intriguait Saïd. Il s'agissait bien d'un Français, jusque-là Saïd ignorait qu'il y en eût qui aidaient le Front. Il n'était pas au bout de ses surprises. Le soir, Pierre Amelot avait reçu plusieurs visites. Un ami, disait-il pour présenter Saïd. Un homme s'était adressé à lui en ces termes :

« Voici un projet de tract, camarade. Si tu pouvais corriger un peu l'orthographe.

— Je te rapporterai ça demain matin à la Bourse du travail. »

Dans la conversation qui avait suivi, Saïd avait compris que l'homme était le secrétaire du Syndicat des dockers et que Pierre exerçait également ce métier. Plus tard, une femme l'avait nommé « mon père » en lui demandant de dire une messe pour son défunt mari. Après son départ, Pierre avait souri de l'air ahuri de Saïd, eh bien oui, il était à la fois prêtre et ouvrier.

« Ai-je bien fait de lui parler de Janine ? » murmure Saïd sur le bateau en s'enroulant dans sa couverture.

C'est contraire aux ordres du Front, lequel exige qu'on ne conserve aucune relation avec qui que ce soit lorsqu'on entre dans la clandestinité. Mais il fallait bien rassurer sa femme, lui faire savoir qu'il était toujours en vie et qu'il ne cessait de penser à elle en retournant chez lui. Pierre avait promis d'écrire à Janine chez Lampco dont il avait noté l'adresse, après un délai de sécurité bien évidemment. La mer est calme. Le bateau avance sans heurts dans la nuit. Saïd somnole, le visage tourné vers les étoiles. Un soleil chaud le réveille, c'est celui du pays. Saïd se lève, s'étire, plie sa couverture, déjeune d'un morceau de pain et de deux pêches, Oran est à l'horizon.

Malgré les contrôles incessants effectués par les militaires, la ville lui paraît trop calme, les Européens ne semblent pas en état d'insécurité, le Front est donc inexistant ici ? Son correspondant le rassure, l'absence d'attentats est délibérée pour que la vigilance des Français se relâche quelque peu et que les nôtres puissent œuvrer en paix auprès de la population.

En revanche, les précautions prises par les soldats ennemis autour du train Oran-Tlemcen tout à la fois le réjouissent et le remplissent de haine lorsqu'il constate la présence en tête d'un bouclier humain. Il monte dans un wagon de troisième classe, davantage destiné au transport de bestiaux que de gens. On y est entassé les uns sur les autres, on y étouffe, des mères houspillent leurs enfants, des bébés braillent, mais on n'y parle qu'arabe. Saïd sourit, cette fois il est vraiment chez lui.

Sa joie s'amplifie à Tlemcen. La ville est en état de siège, les autres ont peur, ça se voit à l'œil nu. Cela lui permet de supporter stoïquement les injures des soldats, les brutales fouilles au corps et le contenu de sa valise répandu sur le sol. Au souk, il achète des pièces d'étoffe, des cadeaux pour sa mère et ses sœurs. Puis il patiente chez son contact dans l'attente d'un convoi pour Sebdou. Enfin, après un nouveau contrôle et une nouvelle fouille complète il peut monter dans le car. De là, il assiste à la mise en place de la formidable escorte des Français. Il en éprouve un véritable ravissement : l'oncle Bachir doit leur flanquer une satanée frousse pour qu'ils se protègent avec une telle quantité de moyens.

Pendant la montée sur Sebdou, il espère et il redoute en même temps une embuscade, cet endroit conviendrait à merveille, oui mais lui qu'est-ce qu'il pourrait faire et il serait idiot d'être tué par une balle perdue avant même d'avoir combattu. Le convoi fait halte. Les soldats s'élancent pour aller reconnaître un col. Le voisin de Saïd lui désigne des carcasses de véhicules calcinés sur le bas-côté de la route.

« C'était il y a deux semaines. Les roumis ont eu beaucoup de morts. »

Saïd se rengorge comme s'il venait de recevoir un compliment personnel. En arrivant à Sebdou, il s'étonne des nombreuses *raïmas* plantées au bord de la route, c'est nouveau ça. Son voisin le renseigne, maintenant les roumis obligent les nomades à rester là et, faute de fourrage, leurs troupeaux sont en train de mourir de faim. Le car stoppe devant la citadelle.

« Fissa, fissa, vite, vite ! hurlent les soldats. Couvre-feu dans une demi-heure. »

Les passagers descendent et se hâtent vers leurs demeures. Saïd consulte sa montre, ici le couvre-feu est à sept heures du soir, à Tlemcen c'était à neuf, bravo, oncle Bachir ! L'épicerie-boulangerie-mercerie-bazar du cousin Rabah Achour se trouve non loin dans la rue principale. En ce moment, seuls des militaires y font leurs achats. Aidé par sa femme, le cousin Rabah les sert avec force courbettes. C'est un homme de petite taille, en blouse grise, chéchia rouge sur la tête. Alors qu'autrefois il parlait très correctement le français, voici maintenant qu'il le baragouine avec un accent épouvantable, le parfait bon-zami. Saïd serait indigné de sa servilité envers l'occupant s'il ne savait par ailleurs que c'est de la comédie. En l'apercevant, Rabah lui crie en arabe :

« File dans l'arrière-boutique, je n'ai pas besoin de toi dans mes jambes ! Li feignant, toujours vacances », ajoute-t-il en « français » à l'adresse de ses clients.

Ce qui laisse ceux-ci complètement indifférents. Il est bientôt sept heures, les soldats se pressent pour regagner la citadelle. Rabah tire le rideau de fer de sa boutique. En rejoignant Saïd, il ôte blouse et chéchia, enfile une djellaba. Il ne paraît pas particulièrement content du retour au pays de son jeune cousin, les nouvelles sont mauvaises. Aujourd'hui il a entendu des conversations dans son magasin, les Français se vantaient d'avoir commis un véritable carnage de fellouzes – ce sont leurs termes. Cet après-midi, à l'heure de la sieste, il a vu passer un camion militaire auquel étaient attachés des prisonniers. Ceux-ci, mains liées dans le dos et pieds nus, devaient courir pour le suivre. L'un d'eux, à bout de souffle, s'est écroulé et il a été tiré à plat ventre sur la route jusque dans la citadelle.

« À l'heure qu'il est, poursuit sombrement Rabah, nos frères sont en train d'être torturés dans le D.O.P. – oui, tu ne sais pas ce que c'est, cela veut dire : "dispositif opérationnel de protection". Et c'est pire que la Gestapo des nazis ! »

Le dîner est morne. On mange toujours aussi mal chez le cousin Rabah, mais ce soir Saïd n'a aucune envie de s'en moquer. Ce qu'il vient d'apprendre a anéanti son bel optimisme des jours précédents et il n'ose même pas demander si l'on sait ce qu'est devenu l'oncle Bachir. Après le repas, Rabah lui fait essayer une paire de Pataugas aux épaisses semelles. C'est sa pointure.

« Je te les donne », déclare Rabah.

Saïd ne peut cacher son étonnement, c'est bien la première fois que Rabah l'avare lui offre un cadeau et c'est aussi la première fois depuis son arrivée qu'il le voit sourire. Ce n'est pourtant pas pure générosité de la part de son cousin. La semelle gauche est constituée de deux parties adhésives, l'une d'elles est évidée de façon à ce que l'on puisse y dissimuler des documents, en l'occurrence une carte d'identité au nom de Mouloud Belamri, encore un cousin mais plus âgé que Saïd et qui avait effectué son service dans l'armée française avant le déclenchement de l'insurrection.

« Tu donneras cette carte à ton père et tu lui diras que Mouloud doit quitter le maquis pour revenir à Sebdou où l'attend un autre travail, ce sont les ordres. »

Au matin, Saïd se met en costume et chausse les Pataugas qui lui seront bien utiles pour marcher dans la montagne. Il prend congé de la femme de Rabah, laquelle lui tend un grand sac de toile en chuchotant, quelques provisions pour la route, le reste pour sa mère. Il la remercie, l'embrasse. Dans la boutique, Rabah a levé le rideau de fer et se tient sur le pas de la porte. Il est encore plus sombre que la veille, toute cette agitation ne lui dit rien qui vaille. Non seulement chars et half-tracks sortent de la citadelle, mais d'autres ne cessent d'arriver en renfort de la route de Tlemcen et de celle d'El-Aricha, plus au sud.

« Et qu'est-ce qu'ils veulent faire avec tous ces camions vides ? marmonne Rabah.

— Bon, je m'en vais, dit Saïd. Et merci de ton hospitalité, cousin-frère !

— Mes salutations à ton père. Hé là, c'est quoi ce sac, tu ne l'avais pas hier. Ah, j'ai compris, ma femme a décidé de me ruiner ! »

Saïd quitte son cousin en riant. Il contourne la citadelle pour rattraper la piste non goudronnée qui, laissant à sa droite le djebel Youdih, mène à l'ouest, vers le djebel Ajaj et la frontière marocaine. Sidi-Aïssa est à une trentaine de kilomètres de Sebdou, une distance qui ne fait pas peur à Saïd, encore qu'il espère pouvoir se rapprocher en stop de son village. Mais aucun véhicule civil n'apparaît, ni dans un sens, ni dans l'autre d'ailleurs. Par contre, des convois militaires ne cessent de le doubler à toute allure, soulevant des nuages de poussière ocre, et il doit vivement s'écarter dans l'alfa pour n'être pas écrasé. Au bout de deux heures de marche, il est stoppé à un barrage. Contrôle d'identité, fouille au corps, contenu de la valise et du sac répandu sur le sol, il a l'habitude. Seulement après, il est interrogé :

« Où vas-tu ?

— En vacances chez moi, à Sidi-Aïssa.

— Interdit d'aller là-bas ! Fais demi-tour.

— Mais...

— Et si tu n'es pas heureux, tu vas vite le devenir ! »

Saïd se tait. Il ramasse vêtements, nourriture et cadeaux. Il en secoue ou en ôte tant bien que mal la poussière, l'estomac tordu par la rage. « Regarde, Janine, comment ils nous traitent, pire que des chiens, il faut tous les tuer, tous, tous... sauf Pilule. » Il reprend la direction de Sebdou. La piste est maintenant déserte. Il se retourne, la déclivité du terrain fait qu'il est hors de vue des soldats du barrage. Il oblique en direction du Youdih, plié en deux entre les touffes d'alfa qui le dissimulent alors entièrement. C'est ça la solution, elle rallonge beaucoup son trajet mais, à l'abri des épaisses forêts de ce djebel, il pourra se rapprocher ainsi de l'Ajaj dont la base est également très boisée.

Au loin sur la piste, un nuage ocre avance rapidement vers Sebdou, Saïd se plaque au sol. C'est un défilé de camions débâchés, des dizaines et des dizaines. D'où il est, Saïd les distingue mal, mais il jurerait qu'ils transportent des compatriotes, surtout des femmes, même au travers de la poussière les couleurs vives des vêtements ne trompent pas. Des vrombissements dans le ciel, il lève la tête, par escadrilles entières les avions piquent vers le Youdih, l'Ajaj, le Debbarth. Au passage, ils lâchent des bombes au napalm sur les forêts qui prennent feu.

« Ils sont fous, sanglote Saïd, ils sont en train de tuer les arbres. »

L'incendie dura une semaine. Les avions étaient revenus plusieurs fois parachever le massacre de la nature. Saïd s'était remis en jean et il avait essayé de défriper son costume avant de le ranger dans sa valise. Il était parvenu depuis longtemps au pied de l'Ajaj. Le jour il se terrait, se recouvrant de brassées d'alfa, sous le soleil implacable de juillet. La nuit il errait autour du djebel en feu, à la recherche d'un passage dans la barrière de flammes, mais sans oser trop s'éloigner du puits creusé par les nomades et où leurs troupeaux venaient se désaltérer avant que les Français ne l'interdisent. Un espoir subsistait en lui, Sidi-Aïssa était haut perché et dans une zone non boisée. Mais davantage que la pensée de Janine, c'était la haine qui l'aidait à supporter sa solitude.

« Et si nous ne pouvons plus nous cacher dans les forêts, il nous restera les grottes. »

Comme celle d'Ali Baba, le repaire secret que leur bande de gosses, dont Mouloud était le chef, avait ainsi surnommé. Même les adultes, même l'oncle Bachir ne connaissaient pas cet endroit souterrain, mais non totalement obscur et où une source pétrifiante transformait en quelques jours le moindre objet en pierre. Mouloud avait défendu de boire de cette eau étrange. En revanche, il autorisait parfois que l'on y dépose pour l'éternité un fruit ou une figurine modelée dans l'argile.

« Ce matin, j'y vais. »

C'est le huitième jour. Ses provisions sont épuisées. L'incendie est pratiquement éteint. Valise à la main, Saïd escalade l'Ajaj, se faufilant entre les squelettes noircis et fumants de la forêt morte. La chaleur est effroyable, l'odeur de brûlé insupportable, les yeux lui piquent, il se plaque un mouchoir sur le nez. En s'orientant par rapport au soleil, il retrouve la piste qui mène à son douar. Bientôt il parvient dans la partie rocheuse du djebel. Là, quelques arbres subsistent, des pépiements d'oiseaux, le bruit d'une chute d'eau, il tressaille de joie, la vie existe encore.

Il se met nu et se douche sous la cascade qui sort d'une anfractuosité de la montagne. Le soleil le sèche vite. Il remet son costume, encore à peu près présentable, il chausse ses Pataugas, les attache. Des pierres roulent derrière lui, il se retourne en hâte, un jeune homme en djellaba fonce sur lui, les yeux fous, couteau à la main, Saïd le reconnaît néanmoins.

« Tahar !

— Saïd ! Pardonne-moi, mon cousin, de dos, avec ce costume, je t'ai pris pour un roumi et je veux tous les tuer ! »

Tahar est un frère cadet de Mouloud. Il lâche son couteau et se met à pleurer, oh si Saïd savait ! Avant d'incendier la forêt, les Français sont venus détruire le village à la dynamite, comme tous ceux le long de la frontière, ils ont déporté tous les gens vers Sebdou, mais avant ils ont assassiné le marabout parce que le saint homme refusait de quitter son ermitage et ils ont... ils ont...

— Quoi donc, Tahar ?

— Ton père a protesté, il les a maudits, alors lui

aussi ils l'ont tué d'une rafale devant ta mère et tes sœurs qu'ils ont forcées à abandonner son corps.

— Où sont-elles ?

— Sans doute à Sebdou. Ton père, je l'ai enterré dans ton jardin. »

Tahar était venu chercher de l'eau potable car les roumis ont empoisonné tous les puits du douar. Il remplit un seau et, en se dirigeant vers les ruines de Sidi-Aïssa, il poursuit son effroyable récit. Lui il s'est échappé au moment de monter dans un camion. On lui a tiré dessus, mais ils ont vite renoncé à lui courir après. Son idée était de passer au Maroc, alors pour attendre la nuit, il s'est réfugié dans la caverne d'Ali Baba où il a trouvé son frère Mouloud gravement blessé. Les jours précédents, les roumis avaient déclenché une grande offensive contre le maquis qui s'est dispersé. Mouloud était dans un groupe avec l'oncle Bachir quand il a été blessé. L'oncle ne voulait pas le laisser, mais Mouloud savait qu'il retardait le repli sur le Maroc et il a demandé qu'on le dépose à proximité de Sidi-Aïssa où il trouverait de l'aide.

« C'est ce qui l'a sauvé, si on peut dire ! Parce qu'un peu plus loin, le groupe de l'oncle est tombé dans une embuscade tendue par les légionnaires. De sa cachette, Mouloud a vu comment ils ont achevé les nôtres blessés et comment l'oncle Bachir a péri en martyr : précipité vivant sur les rochers du haut d'un hélicoptère. »

Ensuite Mouloud s'est traîné jusqu'à la caverne où Tahar l'a découvert, si faible, sans rien pour le soigner alors qu'il souffre tant, Tahar se remet à pleurer. Le visage baigné de larmes, Saïd lui pose une main sur l'épaule. Il sursaute en apercevant les décombres de sa maison. Devant la tombe de son père dont l'emplacement est marqué par des pierres blanches, il se mord la lèvre au sang en serrant les poings, par tous les moyens il le vengera.

« Allons voir ton frère, finit-il par dire à Tahar.

— Hé ! Saïd, peut-être qu'à nous deux nous réussirons à le transporter au Maroc ? Les roumis sont en train de fermer la frontière avec des barbelés partout mais, si on a de la chance, on peut encore passer face aux mines de Zellidja. Tu veux bien ?

— Nous essaierons ce soir, je te le promets. »

Mais quand ils parviennent à la caverne, Mouloud a cessé de souffrir. Ils veillent son corps. Ils font un repas funèbre avec des légumes et des fruits qui abondent encore dans les jardins. Saïd se remet en jean, inutile de s'encombrer avec un costume et une valise, il va les laisser là, pauvres trésors d'Ali Baba. De sa semelle il retire la carte d'identité de Mouloud et la tend à Tahar. Celui-ci hésite, il vaut mieux qu'elle reste ici dans son étui plastique, plus tard il reviendra la chercher pour donner la photo à sa mère. Saïd consulte sa montre, la nuit va bientôt tomber.

« Il faut partir, Tahar. »

Les deux cousins ne se sont pas concertés au sujet des funérailles de Mouloud, mais tous deux savent quelle tombe lui donner. Ils le prennent par la tête et par les pieds. Doucement, ils le déposent dans la vasque naturelle au pied de la source pétrifiante dont l'eau le transformera bientôt en statue de pierre.

3

La bienvenue

« Vous n'avez rien à craindre de nous : nous sommes un détachement de l'armée royale marocaine », leur dit-on en arabe.

Saïd et Tahar se remettent de leur terrible frayeur. Au petit matin, ils sont parvenus aux abords des mines de Zellidja. Ils ont alors rampé dans un oued à sec entre deux patrouilles blindées des Français, mais en voyant surgir des soldats en uniforme kaki, ils ont cru qu'ils n'avaient pas encore franchi la frontière.

L'accueil des Marocains est cordial. Saïd et Tahar sont d'abord conduits au poste frontière où on leur offre du café et du pain. Ils sont ensuite interrogés par un officier, ah, ils viennent de la zone interdite, d'après ce que l'on en sait ici, ça doit être effroyable. Tahar raconte à nouveau ce qu'il a vu. L'officier hoche la tête, et ça va être ainsi depuis la Méditerranée jusqu'au Sahara, car bientôt le réseau électrifié et miné des Français sera totalement achevé. C'est d'ailleurs curieux comment ils procèdent, le plus souvent leur barrage suit étroitement la frontière mais parfois, pour aller plus droit et plus vite, ils laissent d'importants no man's land sans protection, par exemple autour du djebel Debbarth où il y a bien cinq kilomètres à vol d'oiseau entre leur réseau et la limite géographique.

« Un endroit rêvé d'où les vôtres peuvent les attaquer depuis le sol algérien sans enfreindre notre neutralité bienveillante à votre égard, commente l'officier marocain avec un sourire. Bon, maintenant je suppose que vous voulez vous présenter à vos propres autorités ? »

Les deux cousins sont emmenés en Jeep au camp que le Front a implanté près du village de Bou Beker. Le drapeau algérien flotte au sommet d'un mât, Saïd et Tahar en ont chaud au cœur. Le chauffeur les laisse devant la barrière gardée par une sentinelle.

« Bienvenue, frères ! leur crie le soldat. Entrez là, dans le poste de police. »

Un responsable les y interroge beaucoup plus longuement. Il paraît favorablement impressionné quand ils se disent neveux de Bachir Metref, oui on est au courant de la mort horrible de ce glorieux héros, frère et cousin de Mouloud Belamri, tombé lui aussi au combat, on l'ignorait ici, un martyr de plus ; mais, les espions ça existe, Saïd et Tahar ont-ils les moyens de prouver leurs déclarations ? Saïd tend sa carte d'identité française. Tahar n'en a pas. Le responsable leur demande d'attendre là. Il revient peu après en compagnie d'un jeune soldat.

« Tahar ! Saïd !

— Rachid ! »

Le propre fils de l'oncle Bachir. Les trois cousins s'embrassent avec effusion. Le responsable est souriant, il a vérifié au bureau des effectifs, Saïd était bien attendu au maquis de Sebdou et l'ordre allait bientôt être donné à Tahar de le rejoindre également. On peut donc procéder sans tarder à leur incorporation dans l'Armée de libération nationale.

Les classes durent deux mois. Elles sont menées rondement et selon une discipline de fer. Dès le lever du soleil, on assiste à la montée des couleurs. À quelques kilomètres de là, on peut apercevoir de l'autre côté du réseau frontière les Français qui hissent leur chiffon tricolore à la même heure dans leur camp situé au pied du Debbarth, à la cote

1 250 mètres. Le soir se reproduit la descente simultanée des deux drapeaux ennemis. Dans la journée, les cours se succèdent sans interruption, maniement d'armes, d'explosifs, minage et déminage. Souvent la nuit on est réveillé pour des exercices pratiques sur le terrain, au Maroc mais aussi en Algérie où Saïd pénètre à nouveau afin de piéger les pistes autour du Debbarth dans le no man's land. Ses aptitudes physiques ont vite été remarquées, ainsi que son adresse au tir.

« Tu es devenu aussi fort que l'oncle Bachir ! applaudit Tahar.

— C'est presque vrai », convient Rachid.

Aucun repos avant tard le soir. Il faut assister à des causeries politiques sur l'histoire de l'Algérie, le pourquoi de la révolution, ses idéaux, son programme. De surcroît Saïd doit lire *El Moudjahid,* le journal du Front, à ses compagnons de chambrée, tous illettrés. On applaudit aux exploits de l'A.L.N., on s'indigne des atrocités françaises, on s'enthousiasme pour l'équipe nationale de football, laquelle sous la direction de Zitouni vient d'écraser la Tunisie par quatre à zéro.

« À une année près, j'aurais peut-être pu en faire partie », confie Saïd à ses cousins.

Avec le souvenir de Janine, sa seule nostalgie. Pourtant les rares récréations que permettent les supérieurs consistent bien à jouer au ballon rond. À nouveau le talent de Saïd est remarqué et il est nommé capitaine de l'équipe qui rencontre en match amical une sélection de l'armée royale. Les Marocains ont beau le marquer sévèrement, il signe néanmoins les deux buts vainqueurs. Applaudissements et acclamations. Machinalement il cherche des yeux Janine, comme si elle pouvait être là pour le féliciter et l'embrasser.

« Le colonel te demande, vient lui dire Tahar. Il a assisté en personne à la partie et tu ne sais pas ce qu'il a déclaré au responsable politique en te désignant ? "Ce serait une bonne recrue pour notre équipe nationale. – Sûrement, a répondu le responsable, mais pour le moment la révolution a davantage besoin de tireurs d'élite comme lui que de footballeurs."

— Tes deux buts étaient magnifiques, le félicite le colonel, et nul doute qu'après l'indépendance, tu feras une grande carrière à Oran ou à Alger. En attendant, j'ai une bonne nouvelle pour toi et tes deux cousins : vous allez avoir l'honneur de faire partie du commando qui portera le nom du martyr Bachir Metref. »

Depuis quelques jours circulait dans le camp la rumeur de la constitution d'un commando qui serait doté d'un armement et d'un matériel ultramodernes. On ne savait pas qui le composerait, mais on connaissait déjà son chef, Ali Khider, un dur de dur, ancien sergent dans l'armée française et qui a fait la guerre d'Indochine.

« Nous ne disposons que d'un mois d'entraînement, déclare celui-ci à ses hommes le lendemain du match. Donc nous n'avons pas de temps à perdre ! Pour commencer, vous voyez, j'arme mon pistolet. Je vais maintenant compter jusqu'à dix et je logerai une balle dans la tête de celui qui ne sera pas planqué d'ici là. Un... deux... »

La suite est à la mesure de ce début. Finis les cours théoriques et politiques, que du pratique sur le terrain. Exercices de survie jour et nuit, les lits n'existent plus, on dort par terre et très peu. Marches forcées, douze kilomètres à l'heure dans l'alfa, neuf dans la montagne, une galette ou une poignée de dattes par vingt-quatre heures, une gourde d'eau pour deux jours avec tout le fourniment : munitions, poste radio, mitrailleuse, pièce de mortier. Saïd est le mieux loti du commando. Sa qualité de tireur d'élite lui a valu d'être doté d'un superbe fusil à lunette qu'il entretient jalousement. Son chef lui convient à merveille, c'est ainsi qu'il faut être s'il veut venger son père : résistant et impitoyable. Il s'entend également très bien avec les hommes du commando, à l'exception d'un seul, un nommé Mahmoud, vantard et hâbleur et qui ne parle que de couper les couilles aux roumis. Ali Khider n'apprécie pas davantage un tel programme.

« On ne fera aucun prisonnier et on achèvera leurs blessés, ordonne-t-il. Mais celui qui se permettrait de mutiler un ennemi, celui-là je le tue. »

C'est sans doute le non-achèvement de son entraînement qui dispense le commando Bachir-Metref de participer à la tentative de passage en force du réseau frontière. Un échec sanglant. Beaucoup sautèrent sur les mines et le barrage électrifié ne fut neutralisé qu'au prix de nombreux morts. Sur les quelque trois cents hommes qui réussirent à passer en Algérie, peu parvinrent à rejoindre le maquis de Sebdou. La plupart furent écrasés par l'aviation, l'artillerie et les blindés.

« Le commandement ne renouvellera pas de sitôt une telle opération, commente Ali Khider. Ça se fera maintenant par petites unités. Notre tour est pour bientôt. En attendant et pour fêter la fin de votre entraînement, nous allons nous offrir un coup de tout repos : pilonner cette nuit au mortier, de derrière le Debbarth, le camp français situé à la cote 1 250. Toi, Djaout, puisque tu sais écrire, prépare un petit mot pour se foutre de leurs gueules et qu'on laissera avec les étuis des fusées, car immanquablement les roumis viendront reconnaître demain l'emplacement d'où l'on a tiré. »

Saïd se gratte la tête. En lettres capitales il écrit

simplement : *Bienvenue en Algérie*. Pour la première fois depuis un mois Ali Khider se permet un sourire, pas mal, mais il faut aussi une signature. Saïd ajoute : *Pour le commando Bachir-Metref*, et il trace une croix d'illettré.

La veille, Pilule est parvenu à Sebdou. Dès son entrée dans la citadelle, il se présente au poste de police. Le sous-officier de service l'accueille cordialement, mais à cette heure-ci tous les bureaux sont fermés et il faut en référer à l'officier de semaine qui avisera pour le logement de Pilule. Le mieux, en attendant, est qu'il aille boire un pot au mess ; c'est par là, dans la deuxième cour intérieure, on ira le chercher là-bas. Pilule remercie, il reprend son paquetage et se dirige vers l'endroit indiqué. En passant sous les voûtes il hoche la tête, ici il fait frais et, avec des murs aussi épais, on ne craint pas les attaques des fellouzes.

« Bonjour ! »

Personne dans le bar ne répond à son salut. La plupart des tables sont occupées par des sous-officiers qui prennent l'apéritif. Pilule se dirige vers le comptoir devant lequel un maréchal des logis-chef sirote une bière en solitaire. Désignant le paquetage, il sourit à Pilule.

« Vous arrivez de la métropole ?

— Oui, chef.

— Alors ça s'arrose ! Serveur, deux autres bières.

— Excusez-moi, chef, mais je ne bois jamais d'alcool.

— Et moi, je ne trinque pas avec un buveur d'eau. »

Le chef tourne le dos à Pilule, s'empare des deux canettes et va s'installer à une table libre. Un peu vexé, Pilule commande un soda, demande combien ça fait, il sort son portefeuille ; un margis du contingent qui s'est approché lui pose la main sur le bras.

« Attends, c'est moi qui t'offre.

— Merci.

— Chapeau, comme tu l'as mouché le Gégène !

— Mais c'est vrai que je ne bois pas d'alcool. Gégène, c'est son nom ?

— On voit bien que tu es nouveau ici. On l'appelle Gégène parce que c'est lui le numéro un du D.O.P. et que c'est à la magnéto électrique qu'il essaie de faire parler les prisonniers.

— Tu veux dire qu'il les torture ?

— Chut, plus bas...

— Qui est le margis Dubois ? »

Pilule se retourne, il lève le doigt en se dirigeant vers l'adjudant qui le demande. Le colonel veut le voir immédiatement. Pilule se présente à lui dans les formes. Curieusement, au lieu de le laisser debout comme il est de règle, le colonel lui propose un siège. Il se racle la gorge, il a de mauvaises nouvelles à lui annoncer, son père est décédé et il a été enterré la semaine dernière, le télégramme est parvenu à Mourmelon, a été retransmis ici, le voici, on ne savait pas où joindre Pilule. Hébété, il lit et relit : *Papa décédé subitement. Enterrement jeudi. Signé : Maman.* C'est à elle qu'il pense en premier, il faut absolument qu'il aille la voir de suite. Le colonel prévient sa demande :

« Je comprends ce que vous ressentez, Dubois. Mais alors que j'aurais pu vous obtenir un aller et retour en avion pour vous rendre aux obsèques, il m'est impossible maintenant de vous accorder une permission avant votre quatorzième mois d'armée. Que voulez-vous, c'est le règlement !

— Alors, mon colonel, je veux aller me battre le plus vite possible et le plus près possible de Sidi-Aïssa.

— Dubois, je suis au courant de votre affaire d'honneur et, à votre place, j'agirais sans doute comme vous. Seulement, j'ai bien peur que vous n'ayez aucune chance de retrouver le criminel : Sidi-Aïssa est en pleine zone interdite.

— J'ai appris cela, mon colonel, mais que je serve là ou ailleurs...

— C'est juste. Je vous affecte donc au troisième escadron basé à la cote 1 250 sur le réseau frontière, à quelques kilomètres de Sidi-Aïssa. Vous partirez avec le convoi de demain matin. »

Pilule remercie, salue, sort. Il n'a pas faim. Il ne retourne pas au mess, il s'enferme dans la chambre qu'on lui a assignée, être seul avec son chagrin. À sa grande surprise il ne pleure pas, une idée l'obsède et le tient éveillé, tuer le meurtrier de son père.

Après une nuit presque blanche, il va boire un bol de café. Le convoi pour la frontière est en train de se mettre en place. Pilule s'installe à côté du chauffeur d'un camion de ravitaillement. Au petit jour, on sort de la citadelle. Le convoi fonce sur la route goudronnée d'El-Aricha, puis bifurque sur une piste poussiéreuse. Toujours l'alfa à perte de vue. À droite une montagne, le Youdih précise le chauffeur, et plus loin l'Ajaj.

« C'est où Sidi-Aïssa ? demande Pilule.

— Sur l'Ajaj. Il paraît qu'il n'en reste plus une pierre debout. »

Pilule aimerait se réjouir de la destruction de la maison de Saïd, son châtiment a commencé, il n'y parvient pas, la mère et les sœurs du salopard ne sont en rien coupables. Le paysage devient plus tourmenté, la piste commence à sinuer. Maintenant le convoi stoppe fréquemment, le temps d'envoyer des éclaireurs en reconnaissance. Pilule profite d'un arrêt pour se dégourdir les jambes. Un camion débâché l'intrigue. Gardés par des soldats, une dizaine d'Algériens y ont les pieds et les mains attachés, tous portent sur le visage d'effroyables marques de coups. Pilule reprend sa place, il interroge le chauffeur à leur sujet.

« Ce sont des *pims*, ce qui veut dire "prisonniers d'intérêt militaire". Ceux-là sortent des mains de l'équipe de Gégène et ils ne sont pas beaux à voir ! Vous autres, au troisième escadron, vous en avez toujours en réserve.

— Pour quoi faire ?

— Ben, pour remettre en état ou pour consolider le réseau. Et pour les corvées de bois.

— Des corvées de bois ? Ce n'est pas bien terrible.

— Ah bon ! Puisque c'est vous qui le dites, margis... »

« Mais la torture, c'est horrible, pense Pilule, qu'aurait dit le père, lui qui n'aimait pas les bougnoules, s'il avait su qu'on se comporte ici comme les Allemands chez nous pendant la guerre ? Et si, pour les nazis, les résistants avaient été aussi des bougnoules ? » Il s'efforce de chasser ces questions insidieuses. Son vieux... comme il aimerait pouvoir discuter de cela ou de n'importe quoi avec son vieux, les larmes lui viennent aux yeux.

« Le réseau frontière, annonce le chauffeur. Le poste sur le piton à gauche, c'est celui des artilleurs qui surveillent le coin au radar. Avec eux, il y a les gusses du génie qui contrôlent jour et nuit la tension électrique du réseau, cinq mille volts, vous y touchez du bout du petit doigt et vous cramez comme une allumette. Et voilà, on arrive chez vous. Au fond, à droite du Debbarth et si vous avez de bons yeux, vous voyez le camp des fellouzes au Maroc. »

Une sentinelle ouvre une chicane de barbelés, le convoi pénètre dans le camp. Pilule se présente à l'adjudant d'escadron. Celui-ci le conduit chez le capitaine, un petit homme sec, bardé de décorations. Aucune question sur sa venue ici, ou bien le capitaine n'est pas au courant, ou bien il ne veut pas le montrer.

« Vous tombez à pic, Dubois ! Il manque un chef de half-track au quatrième peloton. Vous serez sous les ordres du sous-lieutenant de Châteauneuf. »

De la haute, un jeune homme distingué, officier de réserve du contingent néanmoins. Pilule fait également la connaissance des deux autres maréchaux des logis du peloton. Un de carrière, Leguern, la bonne trentaine, encore margis à son âge, ce ne doit pas être une lumière.

« Moi, c'est Jacques Guillou, surnommé "frère Jacques" ou "le Curé", tu as le choix entre les deux appellations. Tout ça parce que, dans le civil, je suis frère des écoles chrétiennes, prêtre et instituteur, quoi ! Viens, je vais te montrer, on a la même guitoune. »

Tout l'escadron loge sous la tente. Les *pims* sont

parqués dans un enclos barbelé, en plein air. Le Curé soupire, dans quel état sont les nouveaux arrivants ! Gêné, Pilule se contente de hocher la tête, au moins à Mourmelon les... les prisonniers étaient à l'abri du soleil ou des intempéries.

Aujourd'hui le quatrième peloton est de repos, c'est-à-dire qu'il monte la garde, effectue les corvées, nettoie ses armes et ses trois half-tracks. Demain il sera d'intervention à la minute en cas de pépin sur le réseau ou d'accrochage dans et même hors de la zone interdite. Chez le fourrier, Pilule échange son paquetage de France contre une tenue d'été et une de montagne, on ne le croirait pas avec la chaleur actuelle, ici l'hiver peut être rigoureux. L'armurier lui propose de choisir une arme. En principe, il n'a droit qu'à un pistolet, d'accord pour crapahuter on se sent plus léger, mais dans un coup dur, c'est un peu léger et le capitaine est d'accord pour que les sous-offs soient davantage lestés. Pilule opte pour une carabine américaine semi-automatique, il s'y est déjà exercé et il n'y était pas mauvais du tout.

Il passe le restant de la journée à se familiariser avec les neuf hommes et le half-track qu'il va commander. Il n'est jamais monté dans un tel véhicule semi-chenillé, au blindage rassurant, de même qu'il n'a guère manipulé d'émetteur-récepteur, mais ce n'est pas très sorcier. Son chauffeur est d'Ivry, même accent banlieusard que lui. Son mitrailleur en revanche est du Midi, sympas les deux gusses, pour les autres on verra, en particulier les deux... Français musulmans de souche nord-africaine que Pilule se promet d'avoir à l'œil. En fin d'après-midi, pour fêter son arrivée, il offre à boire à son groupe au foyer du soldat. Tous commandent des bières, lui bien sûr un soda, un principe antialcoolique chez lui. Il lui semble que ses hommes échangent des regards narquois.

Il en comprend la raison en allant dîner à la popote des sous-officiers. Quand il pénètre sous la tente qui sert de bar et de salle à manger, il est accueilli à bras ouverts par le popotier, lequel s'est confectionné une sorte de soutane avec un drap.

« Approche, ô mon frère, clame-t-il, nous allons procéder à ton baptême de cuirassier. »

Sous les rires des sous-officiers, il entreprend de parodier une cérémonie religieuse, s'interrompant de temps à autre pour demander au Curé si c'est bien ainsi qu'on procède. À peu près, sourit le prêtre-margis. Pilule, lui, n'a pas envie de rire, il ne cesse de penser à la messe pour son père à laquelle il n'a pu assister la semaine dernière. L'officiant emplit alors un saladier en y mélangeant tous les apéritifs et alcools qui se trouvent au bar.

« Vide cette coupe d'un trait, ô mon frère, et tu seras digne d'être des nôtres. »

« Je vais être complètement bourré, pense Pilule,

mais je ne peux pas me dégonfler, oh et puis tant pis si je m'écroule, au moins je ne penserai plus à rien. » Il saisit le saladier à deux mains et en avale le contenu, c'est sucré et écœurant à cause de toutes ces liqueurs, il présente le récipient vide à la ronde, on l'applaudit. On passe à table. Il s'assoit à côté du Curé qui lui tapote l'épaule.

« Excuse-les, ils ont si peu de distractions... hé, ça n'a pas l'air d'aller ? »

Pilule a trop chaud. En même temps une sueur froide lui dégouline de partout, ça tourne, ça tangue, il va s'effondrer. Il sent qu'on le saisit sous les aisselles, par les jambes... Il se réveille, comateux, il fait nuit noire. Il est resté habillé et chaussé. Il s'assoit tant bien que mal dans son lit, une forte envie d'uriner, il pose un pied au sol, se lève, ça tourne encore, il avance, s'empêtre dans la moustiquaire, il l'avait oubliée, s'affale.

« En voilà un raffut ! »

C'est la voix du Curé.

« J'ai besoin de pisser.

— Attends, je vais t'aider. »

Le Curé allume une torche électrique, le délivre de la moustiquaire, le soutient en le guidant vers les waters. Des ricanements ironiques, les hyènes dans le dépôt d'ordures, explique le Curé. « Elles se foutent de ma gueule », pense Pilule. Un brutal claquement sec, suivi d'autres.

« Alerte au mortier ! » crie une sentinelle en ouvrant le feu à la mitrailleuse.

En un clin d'œil le camp se réveille. De toutes parts on tire à l'aveugle avec les armes individuelles et collectives. Les balles traçantes sillonnent le ciel, les fusées éclairantes retombent sur les barbelés, non, il n'y a pas d'attaque en masse des fells. Le vacarme est encore amplifié par les explosions des obus de mortier touchant le sol.

« Halte au feu ! hurle le capitaine. Ils nous canardent en tir courbe de derrière le Debbarth, vous ne pouvez pas les atteindre et ils ont déjà décroché. »

Peu à peu le silence revient. Le Curé et Pilule s'étaient plaqués au sol, ils se relèvent, le second complètement dégrisé. Il n'a plus envie d'uriner. Ensemble, ils reviennent vers leur tente, touchée de plein fouet par un obus, il n'en reste que des lambeaux épars.

« Eh bé, Dubois, sifflote le Curé, tu auras eu deux baptêmes dans la soirée. Toi, on peut dire que tu es accueilli ! »

4

Le passage

En conclusion de son briefing, le capitaine estime que la chance était en faveur du troisième escadron, treize impacts sur le camp et seulement trois blessés, ils en réchapperont, deux sous-officiers qui ont eu l'excellente idée d'aller inspecter la propreté des waters, sourire général, comme quoi certains baptêmes ont leur utilité, franche hilarité, et un obus tombé tout près de la soute aux munitions, c'est bien de la baraka.

« Châteauneuf, vous irez reconnaître l'emplacement de leur mortier.

— À vos ordres, mon capitaine ! »

Le jour se lève. Un hélicoptère se pose pour évacuer les blessés. Le quatrième peloton embarque dans ses half-tracks. Le sous-lieutenant monte dans celui de Pilule, lequel éprouve un sérieux mal aux cheveux. Ça devrait vite passer, l'infirmier lui a donné de l'aspirine, plus des cachets pour prévenir la diarrhée, dite « chiasse des sables », qui guette tout nouvel arrivant. Devant la chicane côté Maroc, Châteauneuf s'empare du combiné radio. De sa voix distinguée il prie ces messieurs de génie, oh pardon, du génie, de bien vouloir lui couper le courant, vu qu'il déteste toutes les chatouilles, électriques comme à la main.

« Voilà, monsieur le marquis est débranché », répond la radio.

« Et pendant ce temps, les gégènes tournent à plein régime dans le D.O.P. », ne peut s'empêcher de penser Pilule. La chicane ouverte, les trois half-tracks empruntent la piste qui mène au Debbarth, mitrailleuses pointées vers les hauteurs. En vue du premier tournant, Châteauneuf ordonne un arrêt pour un déminage éventuel. Ben Amar et Arezki, les deux soldats musulmans dont cela semble être la tâche habituelle, sautent à terre. Ils avancent à croupetons sur une même ligne en piquetant obliquement le sol avec une baïonnette. « Sale boulot, songe Pilule, et comme par hasard c'est sur eux que ça tombe, mais bah, il faut bien que quelqu'un le fasse, et eux, ils se débrouillent très bien. » Il estime néanmoins de son devoir d'assurer leur protection, à bonne distance. Les voici qui reviennent avec un grand sourire.

« La piste est ouverte. »

Au moins suffisamment pour contourner le Debbarth. Les half-tracks se disposent en épi, de façon à surveiller et le djebel et la frontière géographique. Châteauneuf soupire, vraiment il n'est pas besoin d'être diplômé de l'École de guerre pour s'apercevoir que ce no man's land est une ineptie puisque la nuit les fells y règnent en maîtres. C'est bien également l'avis de Pilule. Le groupe de Leguern reste pour garder les véhicules et, à l'exception des chauffeurs et des mitrailleurs qui demeurent à leur poste, tous les autres entreprennent l'escalade de la montagne. Châteauneuf consulte sa carte, ajuste ses jumelles, par là. Pilule marche derrière lui, approbateur ; malgré son ton et ses manières, le sous-bite a de bonnes jambes et de la cervelle dans le crâne, mais quelle désolation que cette forêt calcinée !

Il faut une bonne heure pour parvenir aux deux tiers de pente. Châteauneuf s'arrête, scrute aux jumelles, ce doit être là-bas, à la cote 1 650. Effectivement, treize étuis de fusée y sont sagement alignés. Sous l'un d'eux un papier plié en quatre. Pilule veut s'en emparer, Châteauneuf le stoppe brutalement par le bras.

« C'est de la folie, mon cher ! Et si c'était piégé ? Arezki, viens, toi qui as de bons yeux. »

Après les avoir examinés attentivement et passé un doigt avec lenteur autour de chacun, Arezki soulève avec précaution les étuis. Pour finir, il ramasse le papier et le tend à Châteauneuf. Celui-ci en prend connaissance, sourit, voilà qui ne manque pas d'humour, bien joué, messieurs ! Il montre alors le message à Pilule qui fronce les sourcils, cette croix en guise de signature lui rappelle quelque chose, mais quoi ?

De retour au camp et après son rapport au capitaine, Châteauneuf charge ses sous-officiers de prérégler les mortiers de l'escadron sur l'emplacement qui vient d'être repéré. Son commentaire est désabusé, bien entendu cela ne servira à rien dans la mesure où les fells ne reviennent jamais les harceler à partir du même endroit. Le capitaine lui a laissé pour ses archives le mot de bienvenue de Saïd. Il le relit.

« Mais à la fin des fins, pourquoi quelqu'un sachant écrire signe-t-il comme un illettré ? Pour se payer notre tête ? »

Ou pour ne pas être identifié, cette pensée traverse Pilule, maintenant ça lui revient. La fois où Dédé Truffault leur avait fait signer une pétition sur le chantier, Saïd avait aussi procédé ainsi. Donc il est là, à quelques kilomètres dans le camp des fellouzes, donc se retrouver face à face n'est pas impossible. « D'accord, c'est un bon tireur et le père disait : "Ce sera lui ou toi", mais pour le repos du vieux, il faut que ce soit moi. » Pilule est presque guilleret en allant déjeuner au mess. Il a faim, dévore. Entre l'adjudant d'escadron.

« Ordre de Sebdou : en représailles pour nos trois blessés, neuf *pims* à abattre ! Je suppose, Leguern, que vous êtes toujours volontaire pour exécuter cette corvée de bois ?

— Comme d'habitude, mon lieutenant[1] !

— Et comme d'habitude, vous choisissez vos *pims* comme bon vous semble et vous laissez leurs corps sans sépulture à la frontière. »

Pilule a cessé de manger. Voilà le sens de cette expression, et lui qui disait hier qu'une corvée de bois, ce n'est pas si terrible. Des méthodes de S.S. oui, comme le racontait le père lorsqu'il évoquait le sort des otages fusillés après chaque attentat commis par les résistants. Pilule, lui, ne sera jamais volontaire pour accomplir ce genre d'horreur, une guerre propre il veut faire et il se mesurera à Saïd d'homme à homme. À ses côtés, le Curé est blême, il remue les lèvres en silence, sans doute il prie. Cela agace l'adjudant d'escadron, monsieur le Curé est

1. Dans la cavalerie blindée, les subordonnés disent « mon lieutenant », non seulement aux sous-lieutenants, mais également aux adjudants et adjudants-chefs qui ne sont que sous-officiers.

toujours aussi compatissant pour les fellouzes, a-t-il prié de la même façon pour nos petits gars blessés ? Le Curé se lève et sort, sans daigner répondre. Après le café, Pilule le rejoint sous leur nouvelle tente. Le Curé est étendu sous sa moustiquaire, yeux grands ouverts.

« Hé ! Guillou, lui demande Pilule, pourquoi Leguern est-il toujours volontaire pour les corvées de bois ?

— Parce que c'est un sadique ! Un de ses plus grands plaisirs est de prolonger le moment où il choisit les hommes qu'il va abattre. Tous savent le sort qui les attend à plus ou moins long terme, et lui, il en désigne certains, puis il fait mine de se raviser et il en prend d'autres.

— C'est dégueulasse !

— Tiens, autant que tu le saches : avant l'arrivée de notre capitaine actuel, il s'était confectionné un collier avec les oreilles des Algériens qu'il tuait. Heureusement le capitaine a interdit cette abomination. »

Le soir, au mess, Leguern paraît soucieux, il y a un truc qu'il ne comprend pas. Il avait déjà liquidé six bougnoules et il était en train de recharger son pistolet mitrailleur quand l'un de ceux qui restaient a eu le culot de s'impatienter. « Alors, c'est pour aujourd'hui ou pour demain ? » qu'il a dit en français. Et comme Leguern réarmait son P.M., le raton s'est mis à gueuler : « Feuillère ! », ça veut dire quoi ce truc-là ?

« Pas "Feuillère", mais *Feuer* ! »

La voix du Curé est glaciale.

« Il t'a ordonné de faire feu, en allemand. »

« Aucun doute, pense Pilule, cet Algérien nous a comparés aux nazis. »

À la nuit tombante, les martyrs ont été enterrés près de la frontière, mais en terre algérienne. Le commando Bachir-Metref leur a rendu les honneurs militaires. De retour au camp, Ali Khider a expliqué que les Français ont tout un barème pour leurs représailles, nos neuf morts signifient qu'ils ont eu trois blessés. Mais Khider a élevé la voix, la révolution est en marche et la terreur colonialiste ne peut faire plier un peuple, nos martyrs seront vengés. Il a alors annoncé la grande nouvelle :

« C'est pour ce soir. »

Le passage s'effectuera sur le territoire dépendant de l'escadron roumi harcelé la veille et qui manque donc de sommeil. D'ailleurs, toutes les autres conditions sont également favorables. La lune sera pleine, les Français ont trois half-tracks en panne, les écoutes radio comme nos guetteurs sont formels sur ce point. Du coup, en dehors de leurs rondes régulières le long du réseau, ils limiteront les patrouillessurprises et les embuscades. En outre, un groupe de diversion leur déclenchera quelques fausses alertes ; Khider se permet un de ses rares sourires.

« Rien de plus idiot qu'un radar : des bourricots errants lui fournissent les mêmes échos que des hommes. Ça déclenchera alors automatiquement un pilonnage d'artillerie qui empêchera à nouveau l'escadron de dormir. Et ça recommencera lorsque deux ou trois malheureux dromadaires iront se suicider sur le barrage. »

Pendant ce temps, le commando franchira la frontière en progressant dans le lit de l'oued Idriss, donc à l'abri des radars. Il attendra là que les patrouilles ennemies soient venues enquêter sur le sort des dromadaires. Dès qu'elles auront fait demi-tour, ce sera aux démineurs de jouer. Saïd tourne la tête vers eux, il a confiance, ce sont des as et ils ont des yeux de chat. Après qu'ils auront dégagé un passage dans le premier réseau barbelé viendra la partie la plus délicate de l'opération. Le barrage électrifié est haut de deux mètres cinquante et comporte six fils sous tension. Il suffit de couper les deux du bas pour qu'on puisse s'y faufiler.

« Attention à la synchronisation, rappelle Khider. Il ne doit pas s'écouler plus d'une fraction de seconde entre le temps où Mahmoud cisaillera le premier fil et celui où, vous deux, vous poserez la première dérivation. »

Saïd se mordille la lèvre, ça ce n'est pas de la tarte, comme aurait dit Pilule. Il importe en effet qu'au poste de surveillance français, le type qui contrôle les cadrans n'enregistre même pas la chute de tension, ou bien se demande s'il n'a pas eu la berlue en voyant l'aiguille chuter à zéro et remonter instantanément à cinq mille volts.

« On répète encore une fois », ordonne Khider.

L'équipe est bien rodée. Saïd a beau ne pas aimer Mahmoud, il doit pourtant reconnaître que celui-ci est adroit et précis. Gants spéciaux aux mains, il s'empare des cisailles isolantes et il tranche d'un coup sec le premier fil. Ses deux aides fixent, avec chacun une pince crocodile, la dérivation qu'il suffira alors d'enjamber. Le tout n'a pas duré une seconde. Oui mais, songe Saïd, ici au camp ce n'est que de la basse tension, lui, à la place de Mahmoud, il ne pourrait s'empêcher d'appréhender ce qui se passera avec cinq mille volts, même si l'isolation du matériel est garantie, jusqu'à dix mille.

« Et voilà, la voie est libre ! » déclare fièrement Mahmoud après avoir coupé le deuxième fil.

Encore qu'il restera à déminer un second réseau barbelé avant de pouvoir filer en zone interdite. Ultime inspection des armes, des paquetages, de la musette de vivres, vérification que chacun possède bien sa carte d'identité de l'Armée de libération nationale. À ce propos, Saïd repense à ce qu'il s'est juré avec ses deux cousins. S'il arrive malheur à l'un d'eux, les autres enverront dès que possible sa carte d'identité à sa famille, sauf que Saïd a demandé que la sienne parvienne à Janine. Ni Tahar ni Rachid n'ont émis de commentaires lorsqu'il leur a raconté ses amours avec une Française et ils ont appris par cœur l'adresse de Lampco.

« Vous avez quartier libre jusqu'au dîner », annonce Khider.

Saïd en profite pour prendre une douche, la dernière avant combien de temps ? Ensuite il se rase les joues et le menton. Il s'est laissé pousser la moustache, cela plaira-t-il à Janine ? Et Pilule, que devient-il ? Plus de six mois d'armée, est-il encore en France ou déjà ici ?

Le repas sort de l'ordinaire, mouton rôti à volonté, encore que Khider recommande de ne pas trop se charger l'estomac. Après il ordonne le repos, en plein air bien évidemment. Saïd regarde son chef s'installer sur la pierraille, un sac en guise d'oreiller, yeux fermés, bouche entrouverte, respiration régulière, il dort déjà. Saïd met davantage de temps à trouver le sommeil. Il n'est pas anxieux, mais dans un état de légère surexcitation, un peu comme avant un match. Le bruit des canons français le réveille, ça y est, ils pilonnent les alentours du Debbarth, l'opération « bourricots » est commencée. En un instant, les trente hommes du commando sont sur pied.

On leur sert un café fort. Le colonel les passe en revue, prononce quelques paroles, serre la main à chacun. Le commando se met en route. Un groupe de protection l'accompagne jusqu'à la frontière. Tout se déroule comme prévu. Les dromadaires sont chassés vers le réseau, affolés, ils se prennent les pattes dans les barbelés, les mines qui explosent les aident à se suicider. Nouveau pilonnage d'artillerie. Le commando progresse rapidement au fond de l'oued à sec, maintenant on est sur le sol national. Les canons se taisent. Grincements des half-tracks, lueurs des projecteurs, une voix qui s'écrie avec l'accent marseillais :

« Hé, visez un peu, ce sont des dromadaires qui se sont fait péter la gueule ! Tout à l'heure, c'étaient des bourricots. Le prochain coup, je parie, y aura des éléphants pour nous empêcher de roupiller.

— Ouais, parce que les éléphants ça trompe ! répond une autre voix avec l'accent parigot.

— Vraiment très spirituel, maréchal des logis ! » commente une troisième, distinguée celle-là.

Saïd hausse les sourcils, la deuxième voix lui a rappelé celle de Pilule ; non, ce n'est pas possible, chez les Français on ne devient pas sous-officier au bout de six mois. Les half-tracks repartent. Les deux démineurs attaquent le réseau qui, à cet endroit, épouse le lit de l'oued. Ils rampent sur une même ligne, cisaillent les barbelés, déconnectent les fils. À intervalles réguliers, ils plantent de petits fanions de part et d'autre du passage dégagé. Saïd imagine leur travail minutieux à la seule clarté de la lune ; chaque mine importante est reliée à d'autres plus petites, un geste malencontreux ou un piège imprévu et tout explose en chaîne. Les démineurs se redressent, font signe, ils sont parvenus au barrage électrique. Au tour de l'équipe de Mahmoud.

« Qu'est-ce que tu attends ? » souffle Khider.

Mahmoud n'a même pas enfilé ses gants isolants, il est en train de craquer. Yeux exorbités, il claque des dents, soudain il fait demi-tour et s'enfuit vers le Maroc. Saïd se lance à sa poursuite. Mahmoud entreprend d'escalader la paroi de l'oued ; s'il y parvient il déclenchera les radars des Français. Saïd plonge, le saisit par les jambes, le ramène vers le bas. Khider survient, poignard à la main, il tranche la gorge de Mahmoud.

« Que se passe-t-il ? demande un éclaireur du groupe de protection.

— Un lâche ! répond Khider. Et qui devait transporter l'affût du mortier. Remportez toute la pièce au Maroc, je ne peux surcharger davantage mes hommes. Vous dégagerez aussi le corps de cette charogne pour que les roumis ne le trouvent pas.

Djaout, te sens-tu capable de couper les fils électriques ?

— Heu... oui ! »

Saïd a à peine hésité, le temps presse. Toutefois, avant de s'équiper, il sort de la poche de son blouson sa carte de l'A.L.N., la montre à Tahar, la glisse dans sa musette de vivres qu'il tend à son cousin. Celui-ci incline la tête. Suivi par les deux aides, Saïd avance vers le barrage. Il inspire, puis expire à fond en cisaillant le premier fil, pareil pour le second. Les démineurs se faufilent vers le deuxième réseau barbelé. Saïd retire ses gants isolants, ses jambes flageolent.

« Bravo ! » le félicite Khider au passage.

Saïd reste sur place afin de signaler aux hommes quand il faut enjamber les deux dérivations au sol. Au tour de Tahar de passer, c'est le dernier, Saïd lui reprend sa musette et le suit à quelques mètres, sa carabine et son équipement ont déjà été transportés par les autres.

« Attention ! » crie Saïd.

Trop à gauche, Tahar a mis un pied hors de la rangée de fanions, il accroche un fil, explosion, Saïd s'écroule face contre terre.

« Ce n'est pas de la tarte que d'être d'intervention à la minute », songe Pilule. D'abord inutile de se déshabiller, ensuite à peine est-on allongé qu'il faut repartir, alertes « bourricots ou dromadaires », en plus des patrouilles régulières. Enfin, celle-ci est la dernière de la nuit, si l'on peut dire, le jour se lève. Dans la tourelle du half-track, Rodriguez le mitrailleur marseillais bâille à répétition. Cobard le chauffeur avoue ne plus avoir les yeux en face des trous.

« Faites gaffe quand même, dit Pilule.

— Vous bilez pas, margis, je connais la piste par cœur. »

Elle pique raide à cet endroit, une fausse manœuvre et on verse direct dans le réseau. Pilule étudie sa carte, le sous-bite qui est resté dans le half-track du Curé lui a dit d'aller jusqu'à l'oued Idriss, puis de revenir direct au camp, dans moins d'une heure on est au lit.

« Margis, déclare Rodriguez du haut de sa tourelle, c'était bien l'explosion d'une mine qu'on a entendue en rentrant à 1 250 après l'alerte “dromadaires”. Parce qu'il y a dans les barbelés quelque chose qui ne ressemble pas à un éléphant. »

Un homme, ou ce qu'il en reste, et une musette un peu plus loin. Chapeau, Rodriguez est admiratif, les fells ont troué le réseau comme du gruyère. Pilule appelle Châteauneuf à la radio. Celui-ci lui ordonne de demeurer sur place, il arrive. Pilule descend du half-track. Il ne s'approche pas du réseau.

Le premier mort qu'il voit de sa vie, images de son père étendu dans le lit, yeux clos mais encore vivant.

« L'alerte générale est donnée, dit Châteauneuf. Le bouclage de la zone interdite se met en place et son ratissage commencera incessamment. Nous, nous restons là pour garder la coupure. »

Il envoie le groupe de Leguern reconnaître le fond de l'oued. À son avis, les fells n'ont aucune chance. La dernière patrouille date de deux heures. Il leur a fallu au moins vingt minutes pour franchir le réseau et, même à marche forcée, ils n'ont pas pu parcourir plus d'une quinzaine de kilomètres. Comme la zone interdite en comporte trente de large, avec un bon bouclage pour qu'ils n'aillent pas se fondre dans la population, ils sont pris dans la nasse.

« Vous verrez, messieurs, on les pêchera au filet, c'est l'affaire d'un jour ou deux. »

Leguern revient, les traces sur le sable indiquent qu'ils étaient une trentaine lourdement chargés. Ils ont remonté le lit de l'oued qu'ils ont abandonné au bas de cette pente. Après, on ne voit plus rien à cause des rochers et de la caillasse. Un détachement du génie arrive en camions. Des *pims* déchargent des rouleaux de barbelés et des caisses de mines. Avec des crochets, les sapeurs tirent le corps de l'Algérien hors du réseau, le retournent.

« Voilà de la barbaque comme je l'aime, bien saignante ! » s'écrie Leguern en éclatant de rire.

Aucun des hommes ne lui fait écho. Pilule et le Curé s'écartent de lui. Châteauneuf lui tourne carrément le dos et va se promener un peu plus loin. Un hélicoptère se pose. Deux gendarmes en descendent. Ils viennent identifier le corps.

« Impossible, dit l'un. Il n'a aucun papier sur lui et il est dans un tel état qu'on ne peut même pas prendre ses empreintes.

— Attends, dit l'autre, il y a une carte d'identité fellouze dans cette musette. Il s'agit d'un nommé Djaout Saïd...

— Saïd Djaout ? se précipite Pilule.

— Vous le connaissez ?

— Oui, je crois. Je peux voir cette carte ? »

En dépit d'une moustache qu'il ne lui connaissait pas, c'est bien le... Pilule se force à penser « le meurtrier de son père ». Des scènes anciennes lui reviennent, Saïd ballon au pied sur le stade, Saïd blaguant le père Marozi, « Ah c'est vous, patron, on ne vous avait pas entendu venir ». Tout se mêle, la haine et la pitié, la fatigue et le chagrin. Il répond vaguement aux questions, oui, ils ont travaillé et joué ensemble au football. Les gendarmes enregistrent sa déposition, la lui font signer, repartent dans leur hélicoptère. Le génie a terminé sa remise en état du réseau. Les sapeurs et les *pims* remontent dans les camions.

« Qu'est-ce qu'on fait du corps ? demande l'un des hommes. On ne peut pas le laisser pourrir là.

— Mais si, mais si, ricane Leguern. Il faut bien que les hyènes et les chacals puissent se nourrir.

— Un homme est un homme, s'indigne le Curé. On l'enterre, n'est-ce pas, Dubois ?

— Hein, quoi ? fait Pilule, hagard. L'enterrer ? Oui, bien sûr.

— Et tu vas mettre une croix sur la tombe de ton pote ? se moque Leguern.

— Espèce de...

— Eh bien, messieurs les maréchaux des logis, persifle Châteauneuf qui s'est approché. Vous donnez un bel exemple de fraternité d'armes à vos subordonnés ! Cela étant, tout soldat en uniforme, et celui-ci en était un, a droit à une sépulture. Leguern, je vous remercie de vous en charger. »

5

Le fell au fusil à lunette

« Comment avez-vous trouvé cette grotte ? demande Ali Khider.

— C'est Mouloud Belamri, le frère de ce pauvre Tahar, qui l'a découverte tout à fait par hasard, répond Rachid. On était gosses et on jouait à se cacher quand Mouloud s'est appuyé sur le rocher qui bascule... »

Dans la caverne d'Ali Baba où le commando s'est réfugié, Saïd s'approche de la source pétrifiante. Il distingue au fond de l'eau une forme allongée, la statue de pierre de Mouloud qui, à la différence de son frère, a une tombe digne de lui. Saïd se mord la lèvre, il se revoit émergeant du knock-out où l'avait plongé l'onde de choc de la mine. Il n'avait pas récupéré sa musette, projetée dans les barbelés minés, et il avait rejoint le commando. Khider lui avait rendu son fusil à lunette, mais il était inquiet.

« Nous n'aurons jamais le temps de sortir de la zone interdite.

— La caverne d'Ali Baba ! »

Saïd et Rachid avaient eu simultanément la même idée et maintenant le commando est à l'abri des recherches des Français. On sait exactement comment ils procèdent. À partir de la coupure dans le réseau, ils délimitent un demi-cercle dont le rayon est deux fois supérieur à la distance que l'on pourrait parcourir depuis le point de passage. Ils bouclent alors le secteur avec des milliers d'hommes, puis ils le ratissent très serré en avançant vers la frontière et en fouillant les moindres recoins, tandis qu'avions et hélicoptères surveillent le tout.

« Silence radio ! » ordonne Khider.

L'opérateur éteint l'appareil grâce auquel on suivait la progression des roumis, en se gardant bien d'émettre pour n'être pas repérés. Khider doit avoir un sixième sens, pense Saïd, il a entendu bien avant nous les moteurs et les grincements des chenilles des half-tracks en train d'escalader la piste de Sidi-Aïssa. Les véhicules stoppent en contrebas de la caverne. Un capitaine donne des ordres :

« Premier peloton, allez reconnaître les ruines des maisons. Châteauneuf, fouillez-moi la grotte qui surplombe le douar. Les deux autres pelotons, avec moi ! »

Des bruits de pas, des pierres qui roulent, Saïd lève la tête, on marche au-dessus de lui et plusieurs des innombrables petites fentes qui procurent de l'air et une certaine clarté sont devenues obscures : le capitaine installe son poste de commandement juste sur le toit de la caverne d'Ali Baba. À l'intérieur, les hommes du commando retiennent leur souffle, pétrifiés comme Mouloud, songe Saïd.

« Alors, Châteauneuf, où en êtes-vous ? demande le capitaine par radio.

— Dubois est formel, mon capitaine, il n'y a personne dans la grotte.

— Bien ! Néanmoins, balancez-y des grenades asphyxiantes et dynamitez l'entrée de façon à ce que même un fennec ne puisse s'y glisser. »

Dubois ! Saïd a tressailli, cette nuit il avait cru reconnaître la voix de Pilule et maintenant on prononce son nom, il hausse les épaules, allons, ce ne sont pas les Dubois qui manquent en France. Une explosion assourdie, Saïd croise le regard de Rachid, sans doute pensent-ils la même chose, après la forêt, voilà que les roumis détruisent les grottes, parachevant ainsi leur saccage de la nature.

« Rien à signaler, mon capitaine ! R.A.S., mon capitaine !

— Ordre aux quatre pelotons : poursuivez le ratissage jusqu'au sommet de l'Ajaj, puis descendez en ligne le versant face au Youdih. Vous retrouverez les half-tracks en bas. »

À nouveau les bruits de moteurs, les grincements des chenilles, les Français s'éloignent. Deux jours durant, le commando patiente dans la caverne. On économise les provisions, on dort beaucoup, on ne se parle guère, on ne sort que la nuit pour ses besoins naturels et pour une toilette à la cascade. Enfin on entend à la radio la levée du bouclage de la zone interdite. C'est peut-être un piège, Khider préfère attendre encore vingt-quatre heures avant d'avertir la base de Bou Beker que son commando, pratiquement intact, est en sécurité.

« Alors, objectif numéro un ! » ordonne-t-on depuis le Maroc.

Il s'agit de reprendre contact avec le maquis de Sebdou dont on est sans nouvelles depuis la mort de Bachir Metref. À cet effet, Khider envoie en reconnaissance un groupe de dix hommes commandé par Rachid. Saïd reste à se morfondre dans la caverne. Heureusement, si l'on peut dire, Khider s'y entend pour meubler les loisirs forcés, tours de garde inutiles, nettoyages à répétition des armes qui n'en ont pas besoin, gymnastique épuisante, entraînement au close-combat et autres joyeusetés. Une semaine s'écoule ainsi. Le groupe de Rachid revient, trois hommes en moins, un accrochage avec les roumis, par bonheur la nuit tombait.

« Tu ne leur as pas laissé de blessés ? demande vivement Khider.

— Mustafa avait les deux jambes broyées par une rafale, répond Rachid avec un sanglot dans la voix. Plutôt que de l'abandonner sur place, je l'ai achevé de ma main.

— C'est malheureusement ce qu'il fallait faire, approuve Khider. Sous la torture, le pauvre Mustafa aurait pu révéler notre position. »

La suite du rapport de Rachid est aussi consternante. Le maquis a éclaté en petites unités sans liaison radio, manquant de tout, d'armes, de munitions, de nourriture, passant leur temps à fuir. La terreur mise en œuvre par les Français a produit ses effets sur la population. Même dans les villages les plus reculés du djebel, on rechigne à fournir des vivres aux maquisards. Les ordres de mobilisation soit ne parviennent plus aux intéressés, soit ceux-ci n'y répondent plus. Mais le plus grave est à Sebdou où l'organisation du Front a été en grande partie démantelée. Du coup, les habitants de la ville comme les nomades et les expulsés de la zone interdite regroupés dans le camp, tous refusent de servir de supplétifs à l'Armée de libération nationale. Khider crispe ses mâchoires.

« Départ immédiat ! » décide-t-il.

Marche forcée de nuit, on sort de la zone interdite, on contourne Sebdou, direction les monts de Tlemcen. Au matin, on est en vue d'un douar où n'existe pas de poste français. Une courte halte pour se raser, brosser son uniforme, briquer ses Pataugas et en route, au pas, en rangs impeccables.

« L'A.L.N. est revenue ! L'A.L.N. est revenue !

— Oh, regarde, ils ont même une mitrailleuse ! »

Les habitants sortent en masse des mechtas. Vive l'A.L.N., les hommes applaudissent, les femmes poussent des youyous, les enfants rient et courent aux côtés du commando. Sur la place du village, les anciens s'avancent pour offrir cérémonieusement le sel, le pain et l'eau. Khider repousse avec dédain ces marques de l'hospitalité. D'une voix dure, il reproche aux gens leurs manquements à la révolution. Puis il donne des ordres concernant l'impôt, la nourriture à fournir au maquis, l'incorporation des recrues, à propos, combien y a-t-il ici de déserteurs de l'A.L.N. ? Quatre jeunes gens sortent de la foule. Khider s'approche du premier, sort son poignard et d'un geste rapide lui tranche la gorge. Il se tourne alors vers les trois autres.

« Vous avez cinq minutes pour faire votre paquetage. À part ça, pourquoi le chef du village ne s'est-il pas encore présenté à moi ?

— Les roumis sont venus hier et ils l'ont tué.

— Eh bien, nommez-en un autre que je tiendrai pour responsable sur sa vie, vous entendez : sur sa vie, de la bonne exécution de mes directives. »

Le commando réédite deux fois ses reprises en main éclairs de douars. C'est suffisant, le téléphone arabe fonctionne vite dans la région, le maquis est à nouveau ravitaillé, informé des déplacements des Français, des autos et des camions sont mis à sa disposition. Les recrues affluent, certaines les mains vides, d'autres avec des fusils de chasse ou d'antiques pétoires. Il s'agit d'armer sérieusement tout ce monde sur le dos des roumis. Mais, auparavant, il faut frapper un grand coup dans Sebdou même.

« Nous opérerons dimanche après-midi à l'heure de la sieste. »

Comme seulement six hommes suffiront, Rachid emmènera le gros du commando se reposer dans la caverne d'Ali Baba. Pendant ce temps, trois véhicules pilotés par des maquisards supplétifs pénétreront à la même heure dans la ville. Ils rouleront à petite vitesse. L'un attaquera à la mitrailleuse le poste à l'entrée du camp du regroupement. Le second devra tuer la sentinelle devant la citadelle et

Saïd devra faire mouche du premier coup. Quant au troisième, avec Khider en personne, il neutralisera la garde du bordel réservé aux Français.

« Il ne restera alors plus qu'à balancer quelques grenades à l'intérieur, sourit Khider.

— Ça va faire un de ces carnages ! se réjouit Rachid.

— Oui mais les prostituées ? essaie de protester Saïd. Ce sont souvent de pauvres filles de chez nous...

— Elles n'ont qu'à pas faire ce métier ! » le rabroue Khider.

L'opération terminée, seuls les chauffeurs repartiront à toute allure vers les monts de Tlemcen. Ils abandonneront les autos au col du Krorchef, rejoindront leur unité qui décrochera sur-le-champ pour éviter le bouclage que les roumis ne manqueront pas de mettre en place dans ce secteur. Personne n'aura l'idée de chercher sur place les membres du commando, planqués à quelques dizaines de mètres de la citadelle dans la cache aménagée sous la boutique du frère Rabah Achour.

« Pour une fois, le cousin Rabah n'a pas regardé à la dépense », dit Saïd en souriant.

Tout s'est déroulé comme prévu. Avec son poignard, il taille une encoche dans la crosse de son fusil à lunette, la première d'une longue série,

« pour te venger, Père », pense-t-il. Et il se jette à belles dents sur le couscous royal du cousin Rabah.

Après avoir assisté à ce qu'il croyait être l'enterrement de Saïd, Pilule avait éprouvé une grande lassitude. Il n'avait qu'une envie, se coucher, dormir, oublier. Il avait fallu partir en opération sans le moindre repos, escalader l'Ajaj, Châteauneuf l'avait envoyé avec son groupe fouiller une grotte. Trois mois après, en repensant à cet épisode, Pilule ressent encore la frousse qui l'avait envahi dans le noir, à la seule lueur des torches électriques, les nerfs à fleur de peau, sa carabine armée, le doigt sur la détente. Ensuite il avait fallu ratisser le djebel à travers la forêt incendiée, remonter dans les half-tracks, somnoler vaguement, crapahuter à nouveau, passer la nuit à même le sol dans le Youdih, crevant de froid, recommencer le lendemain. Les semaines suivantes avaient été presque aussi épuisantes : surveillance du réseau et grandes opérations en alternance car les fells avaient repris l'offensive. Pendant un temps, au troisième escadron, on ne parlait que de leur attaque du bordel de Sebdou, une vraie boucherie à ce qu'on en savait. Un peu partout ils tendaient des embuscades pour s'emparer d'armes et de munitions, achevant les blessés, sans jamais faire de prisonniers. « Exactement comme nous, pense Pilule, parce que, quand on en fait des prisonniers, c'est pour que Gégène les torture. Et ceux qui ne meurent pas entre ses mains finissent dans une corvée de bois. »

« Tenez, margis, vous avez un colis et une lettre. »

De bonnes choses envoyées par sa mère, il les partage avec le Curé. Des mots doux émanant de Geneviève, il se les garde et les relit à les apprendre par cœur. C'est lui qui avait écrit le premier. Quelques lignes pour donner son adresse, dire que tout allait bien, le coin était calme, la grosse chaleur terminée, la nourriture dégueulasse et qu'il s'ennuyait d'elle. Geneviève avait répondu de suite, sans faire allusion à Janine et comme si rien ne s'était passé entre eux. Elle aussi se languissait, quand viendrait-il en permission ? Depuis elle ne cesse de le redemander dans ses lettres. Il compte sur ses doigts.

« On est début décembre, donc janvier, février... comme ça ne sera pas avant mai-juin, encore au moins six mois, quoi, qu'est-ce qu'elle met en post-scriptum ? »

Janine est retournée habiter chez sa mère, avenue des Mésanges ! Alors ça, c'est la meilleure, et sans qu'on lui demande son avis, c'est quand même lui maintenant le chef de famille. Bon d'accord, il est l'heure de partir en patrouille de nuit mais, dès demain matin, il lui expédie un de ces savons carabinés à la mère. Il enfile son imperméable, sort de sa tente, embarque dans le half-track. La pluie tombe roide, quelle gadoue, les chenilles patinent, ça tangue, dans les tournants, Cobard ne peut empêcher le véhicule de chasser, pourvu qu'on n'aille pas se foutre la gueule dans le réseau miné.

« La quille, bordel ! soupire Cobard arc-bouté sur son volant.

— Je suis pire qu'une soupe ! se plaint Rodriguez dans la tourelle. Au moins les mecs à l'arrière sous la bâche, ils roupillent à l'abri.

— Si vous croyez que je suis mieux loti ! grogne Pilule en essayant que l'eau ne lui dégouline pas du casque dans le cou. Bon, voilà le sous-bite qui me veut à la radio. J'écoute !

— Dubois, mon cher, voulez-vous bien vous transporter jusqu'en C. 13 ?

— Reçu cinq sur cinq, mon lieutenant ! »

C. 13 qu'il a dit, le Château en ruines, c'est où déjà ? Pilule consulte sa carte au travers du plastique protecteur, ah oui, l'oued Idriss. Il se renfrogne. Chaque fois qu'il passe à cet endroit, il ne peut s'empêcher de regarder la tombe de Saïd, là, près de ce buisson de lauriers-roses éclairé par le projecteur de Rodriguez, elle a beau ne comporter aucun signe distinctif, il la repère au premier coup d'œil. Un petit pincement au cœur, après tout c'était son pote dans le temps, tiens, c'est marrant, pourquoi n'a-t-il à aucun moment prévenu sa mère que le vieux était vengé ?

« L'honneur de votre famille est sauf, je suis content pour vous, Dubois ! » lui avait dit Châteauneuf en aparté.

Ainsi même le sous-bite était au courant. Pilule s'était contenté de hocher la tête, il ne savait plus très bien, et aujourd'hui moins que jamais, ce que signifient finalement *vengeance* et *honneur*. Il a laissé croire à ses supérieurs que Janine avait été violée, alors qu'elle aimait Saïd d'amour, comme Geneviève avec lui. Et quant au père avec son hypertension, de toute façon il aurait fait une attaque un jour ou l'autre. Pilule se lève à demi pour que s'écoule la mare d'eau qui s'est formée au bas de son imperméable. Il sort de sa poche un paquet de cigarettes, eh ben oui, il s'est mis à fumer, ça calme les nerfs, à boire aussi parfois quand il a trop la nostalgie de Geneviève, ou quand il revoit le corps déchiqueté de Saïd, oh pas des cuites monstres comme lors de son baptême de cuirassier, mais juste assez de bocks de bière pour avoir l'esprit engourdi et s'endormir comme une masse.

« Dubois, vous m'obligeriez beaucoup en restant où vous êtes durant une petite heure.

— Reçu cinq sur cinq, mon lieutenant ! »

La poisse, le sous-bite qui leur colle une heure d'embuscade inutile sur l'oued Idriss, parce que bien sûr les fells ne tenteront pas de passer une deuxième fois en cet endroit, tout comme ils ne reviennent jamais les harceler au mortier à partir du même point. Cobard stoppe le half-track, abaisse le volet blindé sur le pare-brise, remonte celui de la vitre avant, Pilule en fait autant de son côté. Maintenant il ne peut regarder devant lui que par une étroite fente, mais il est à l'abri des balles. Le seul qui soit encore exposé est Rodriguez dont la tête dépasse de la tourelle.

« Ça va là-haut ?

— M'en parlez pas, margis ! Si le fell a un truc à infrarouge sur son fusil à lunette, je suis bon pour un carton.

— Va pas te fourrer cette idée en tête, le fell n'attaque jamais la nuit. C'est donc qu'il n'a pas d'infrarouge. »

Une vraie terreur ce fell au fusil à lunette. Il parcourt des distances incroyables, quarante, cinquante kilomètres en une nuit, pour surgir là où on ne l'attend pas et tuer un homme à chaque fois, des gradés de préférence. Du coup, la plupart d'entre eux ont ôté leurs galons. Châteauneuf en a haussé les sourcils d'indignation et il a formellement interdit à ses sous-officiers de les imiter, lui, ses ancêtres ont fait les Croisades avec leur oriflamme déployée. Pas ceux de Pilule qui est parfois traversé par une idée idiote, et si le fell au fusil à lunette était Saïd ? Bien sûr il y a la preuve du corps et de la carte d'identité. N'empêche qu'il se trimballe comme chez lui dans la zone interdite et on prétend l'avoir aperçu vers Sidi-Aïssa. Le ratissage n'a rien donné, envolé le fell qui n'a pourtant pu trouver refuge nulle part, toutes les grottes, tous les trous du secteur ayant été gazés et dynamités.

« Bonne année, margis !

— Bonne année, les gars, et vive la quille ! En l'attendant, on va se payer une petite patrouille de santé le long du réseau au bas de l'Ajaj. »

Un froid sec a succédé aux pluies de décembre. Ciel bleu, soleil, le half-track étincelle de givre. Pilule remonte la fermeture Éclair de son anorak, puis enfile ses gants. Rodriguez sifflote dans la tourelle. Cobard fonce sur la piste droite au milieu de l'alfa. Pilule est guilleret, un aller et retour de routine, en cadeau d'étrennes, qu'il a dit le vieux Château, et ce midi, tout le peloton va bouffer ensemble un de ces gueuletons.

« Allez, Cobard, demi-tour, on rentre.

— Une minute, margis. J'ai envie de pisser.

— D'accord. »

Cobard s'arrête, descend. Il n'est pas le seul. Bon, autant se dégourdir les jambes. Pilule marche dans l'alfa, face à l'Ajaj. Un coup de feu, un sifflement près de son visage, le pare-brise du half-track explose.

« Le fell, hurle Rodriguez en armant sa

mitrailleuse et ne s'arrêtant de tirer sur le djebel qu'à épuisement de la bande.

— Ah ben, margis, on peut dire que vous avez une vraie veine de cocu ! »

« Comment se fait-il que tu l'aies raté ? Ça ne t'arrive jamais, reproche Rachid dans la caverne d'Ali Baba.

— C'est le soleil qui m'a gêné », répond Saïd.

6

Corvées de bois

« Elle est belle la mission pacificatrice de la France ! »

Personne dans le half-track ne fait écho à l'indignation de Cobard. En fait, songe Pilule, l'horreur du spectacle se passe de commentaire. Le long de la route goudronnée qui mène d'El Aricha à Sebdou, les poteaux télégraphiques ont été sectionnés à environ un mètre du sol. À chaque moignon de poteau, un Algérien a été fusillé, cela en fait des dizaines sur quelques centaines de mètres.

« C'est la troisième fois que je vois ça, explique Cobard à Pilule. Le F.L.N. ordonne aux nomades et aux gens qu'on a virés de la zone interdite de couper les poteaux. Les mecs, ils obéissent. Nous, en représailles, on fusille à tour de bras. Le F.L.N. revient dans le camp de regroupement. S'il y en a qui refusent de remettre ça, il égorge les récalcitrants. Alors les gens, ils sont bien obligés de recouper les poteaux et nous on refusille, et ainsi de suite.

— Ça ne finira donc jamais ? demande Pilule.

— Si, réplique Cobard, lorsque les masses populaires en France auront imposé au gouvernement la paix en Algérie. »

Cobard ne se cache pas d'être communiste, d'ailleurs, précise-t-il, il était fiché par la gendarmerie avant même de venir à l'armée. Lui aussi s'est demandé s'il devait refuser d'obéir, mais ses camarades de parti lui ont dit qu'il valait mieux partir en Algérie afin de rester lié avec les gars du contingent.

« Pour ça, je suis pote avec eux, a-t-il confié à Pilule. Et ça sert à quoi ? On est tous d'accord pour rouspéter parce qu'on est crevés, qu'on en a marre, que le courrier n'arrive pas, qu'on bouffe de la merde, qu'on veut la quille, et puis après ? On fait ce qu'on nous dit de faire. Chacun essaie de sauver sa peau, moi comme les autres. Et je me console comme je peux puisque, en tant que chauffeur, je ne participe pas aux ratissages et que je n'ai pas encore tiré un seul coup de feu. »

Avec d'autres mots, le Curé tient un discours semblable. Sa conscience chrétienne réprouve les exactions commises au nom de la France, la torture, les déportations de populations, les exécutions sommaires, mais pas davantage que Cobard il n'a de solution à proposer, il peut seulement témoigner de ce qu'il a vu. À cet effet, il tient un journal de bord sur un gros cahier d'écolier qu'il dissimule dans une caisse de munitions. Un jour où il s'était fait une fois de plus vertement rabrouer par l'adjudant d'escadron à l'occasion d'une corvée de bois exécutée par Leguern, il avait demandé à Pilule :

« S'il m'arrive quelque chose, est-ce que tu veux bien faire parvenir en secret ce cahier au supérieur de mon ordre ?

— Je te promets d'essayer. En revanche, si c'est à moi qu'il arrive malheur, tu écriras à ma fiancée et à ma mère ?

— Je te le jure ! »

Ils avaient échangé les adresses nécessaires. Le troisième escadron stoppe devant la citadelle de Sebdou. Les officiers pénètrent à l'intérieur pour un briefing avec le colonel. Pilule descend du half-track. Il est entouré par une nuée d'enfants qui réclament de l'argent, à manger. Il leur donne une boule de pain et les bonbons de sa ration de campagne. Dans tous les véhicules, les hommes en font autant. Ce n'est pas suffisant pour contenter les affamés, certains se battent pour un quignon. Le Curé vient à la rencontre de Pilule. Il est bouleversé, il faut absolument qu'on sache en France ce qui s'est commis sur la route d'El-Aricha. Pilule hoche la tête.

« Messieurs, leur annonce Châteauneuf, une bande fortement armée a été repérée faisant mouvement vers la zone interdite. L'aviation l'a fixée au sol et il nous revient l'honneur de mener l'assaut final. Maintenant en confidence, messieurs, je ne vous cache pas que je suis fort aise que Leguern soit parti en permission car, aujourd'hui, nous allons accomplir une mission de soldat, et non une corvée de bois ! »

Khider a été tué. Rachid a pris le commandement. Les avions passent et repassent. Sous le matraquage des bombes et des roquettes, les pertes du commando sont effroyables. Seuls restent une dizaine d'hommes valides. Au travers de la lunette de son fusil, Saïd examine les environs.

« Ça y est, crie-t-il, leur bouclage est en place.

— Il va falloir tenir jusqu'à la nuit noire si l'on veut pouvoir décrocher, répond Rachid. Frères, entre deux vagues d'avions, allons nous retrancher dans cet amas de rochers sur la ligne de crête. »

Saïd progresse par bonds. Il lève la tête. Les avions s'éloignent, ne reviennent pas, sans doute parce que maintenant les Français sont trop près de nous, pense Saïd. Il se redresse, s'élance vers le sommet. Des claquements secs, des sifflements, lance-grenades et mortiers remplacent les roquettes, Saïd lâche sa carabine, plonge sur le côté. Il rampe pour reprendre son arme, se mord la lèvre, la lunette a été fracassée par un éclat.

« Les voilà ! hurle Rachid. Mais que seule la mitrailleuse ouvre le feu pour le moment. »

« Couchez-vous, mon lieutenant ! crie Pilule.

— Un Châteauneuf ne se couche pas avec n'importe qui, sans vouloir vous offenser, mon cher Dubois ! D'ailleurs, vous entendez, leur mitrailleuse s'est déjà enrayée, à moins qu'elle ne manque tout bonnement de muni... »

« Même sans lunette, je l'ai eu ! » exulte Saïd.

« En représailles de l'assassinat du sous-lieutenant de Châteauneuf, annonce l'adjudant d'escadron, corvée de bois à la frontière. En l'absence de Leguern, qui d'entre vous est volontaire ? »

Dans le mess du troisième escadron, les sous-officiers baissent le nez et se taisent. Dans ces conditions, l'adjudant déclare qu'il va désigner un volontaire. « Pourvu que ce ne soit pas moi », pense Pilule.

« Vous, Guillou, vous allez avoir à cœur de venger votre chef.

— Je refuse. »

Le Curé est blême, la sueur perle à son front, mais sa voix est ferme.

« Comment, vous refusez d'obéir ? s'emporte l'adjudant.

— Laissez, mon lieutenant, dit un margis de carrière, je vais la faire cette corvée.

— Trop tard, j'en ai donné l'ordre à M. le Curé.

— Aucune autorité légale n'a condamné ces *pims* à mort. Ma conscience m'interdit donc d'exécuter cet ordre.

— Vous savez ce qu'il va vous en coûter ?

— Oui, deux ans de prison. »

Dans la caverne d'Ali Baba, Saïd émerge d'un sommeil pâteux, peuplé de cauchemars. Il regarde autour de lui, toujours seul, ainsi aucun des frères du commando n'a pu échapper au bouclage. Lui y est parvenu grâce à sa vélocité, mais non sans avoir dû poignarder de nuit une sentinelle. Il frissonne à ce souvenir, le premier homme qu'il tue de cette façon. À propos...

« Vingt-huit », murmure-t-il en incisant une nouvelle encoche sur la crosse de sa carabine.

Il la repose, n'ayant plus la moindre munition, que va-t-il pouvoir en faire ? En revanche, les provisions ne manquent pas dans la caverne. Il se restaure, se rendort. Deux jours durant il procède de même, d'abord récupérer avant de prendre une décision.

« Que me conseilles-tu, Janine ? »

Ne pas rester seul plus longtemps. Oui, mais pour aller où ? Le maquis a de nouveau éclaté en petites unités qui se déplacent sans cesse. Saïd ne se voit pas partir à leur recherche, armé seulement d'un poignard. Le cousin Rabah ! La voilà la solution, de la boutique du cousin il reprendra contact avec le maquis.

« Donc il faut que je redevienne civil. »

Il ôte son uniforme, remet son costume gris soigneusement conservé dans sa valise. Et comme papiers ? Il examine la carte d'identité française de Mouloud Belamri, son cousin aussi était moustachu, ça et un air de famille. Allons, il faut tenter le sort, et pour les roumis, n'est-ce pas, tous les bougnoules se ressemblent.

Pilule ne parvient pas à s'endormir, aujourd'hui il a tué un homme. Oh, pas de sang-froid, mais quand même. C'était dans les monts de Tlemcen. L'accrochage a été bref et violent. Plaqué au sol, Pilule a vu une rafale labourer le sol au ras de sa tête, comme au cinéma, sauf que c'était pour de vrai.

Quand il s'est relevé, un fell était en train de s'enfuir, il l'a alors ajusté et abattu.

« On avait le même âge. »

Après, le lieutenant qui a remplacé Châteauneuf l'a félicité et a dit qu'il le proposerait pour une médaille. Une décoration pour avoir tiré dans le dos d'un mec qui aurait pu être son frère, quel gâchis, Pilule est écœuré de lui-même et de tout. De la mort stupide de Châteauneuf, victime de ses manières de grand seigneur d'une autre époque, tout autant que des corvées de bois.

« Si on me désigne, aurai-je le courage du Curé ? »

Parti pour la prison de Sebdou, en attendant le tribunal militaire, par le même convoi qui ramenait Leguern, le Curé, lui, n'a pas encore été remplacé comme sous-officier. Pilule se lève de son lit, allume sa torche électrique, fouille dans la caisse de munitions, il va finir de lire le journal de bord du Curé, de la dynamite avec les dates, les lieux, les circonstances des atrocités françaises. Pour tenir sa promesse, Pilule s'en est ouvert à Cobard. Celui-ci a contacté un de ses camarades, chauffeur d'un camion de ravitaillement et qui, pour contourner la censure militaire, expédiera depuis la poste civile de Tlemcen le cahier du Curé.

Dans la rue principale de Sebdou, Saïd s'efforce de marcher normalement. Des soldats partout. Le premier contrôle d'identité s'est déroulé sans anicroche, mais il suffirait de quelqu'un de davantage pointilleux ou plus physionomiste.

« Oh non ! »

La boutique du cousin Rabah est éventrée, vidée de ses marchandises. Saïd passe sans s'arrêter, Rabah a été pris, peut-être est-il déjà mort, que faire ? Il est stoppé par une patrouille composée d'un sous-officier français et de soldats musulmans, des traîtres. L'un d'eux le fouille sans ménagements. Le sous-off lui demande ses papiers.

« Hum... tu ne ressembles pas beaucoup à cette photo. Comment tu t'appelles ?

— C'est marqué.

— Ne joue pas au con avec moi ! Je t'ai demandé ton nom.

— Mouloud Belamri, né le...

— Belamri, Belamri, ça me dit quelque chose. Ah, tu habitais à Sidi-Aïssa, et maintenant ?

— Dans une *raïma* du camp de regroupement.

— On va t'y accompagner, montre-nous le chemin. »

Saïd panique à l'entrée du camp, des tentes numérotées il y en a des centaines, laquelle choisir ? Il emprunte une allée, tourne à droite, les soldats le suivent à quelques mètres, impossible de fuir. Une fillette accourt au-devant de lui, sa sœur Leïla. Des yeux il essaie de lui dire de l'ignorer, elle ne comprend pas.

« Oh, Saïd, sanglote de joie la fillette, comme je suis contente que tu sois revenu !

— Chef, elle l'a appelé Saïd et pas Mouloud, s'écrie un soldat musulman.

— C'est parce que j'ai deux prénoms.

— Tu parles ! Allez, demi-tour, tu vas expliquer ça à Gégène. »

Le mois de mars est doux, ensoleillé. Sur le Debbarth quelques pousses vertes ont surgi çà et là dans la forêt calcinée. Le convoi pénètre dans le camp de 1 250. Courrier, Pilule relit plusieurs fois la lettre de Geneviève, Jean-Saïd est né, un beau garçon de sept livres, la grand-mère est folle de joie, la maman se porte bien. Et le papa est mort, Pilule hoche la tête, les larmes aux yeux, touché également par l'attention de sa jumelle qui a donné au petit les prénoms de son père et de son oncle.

« Mauvaises nouvelles ? lui demande le remplaçant du Curé.

— Au contraire, je viens d'avoir un neveu. »

Pilule sort de sa tente et se dirige vers le mess. Il y a eu un nouvel arrivage de *pims*. En passant près de leur enclos, il sent qu'on le regarde. Derrière les barbelés se tient un homme vêtu d'un costume gris déchiré et souillé, non rasé depuis des jours, moustachu, les bras écartés et semi-repliés à l'horizontale, les mains pendantes, doigts broyés.

« Pilule ! » souffle le *pim*.

Non ce n'est pas vrai, si pourtant, Saïd ! Pilule s'enfuit vers le mess. Au bar, il commande une anisette, une seconde, partagé entre la joie et l'horreur. Pendant plusieurs jours il évite de s'approcher de l'enclos des *pims*, il ne cesse de penser à Saïd. Le dimanche suivant, repos, il y revient à l'heure du repas. Saïd est assis sur le sol, ses mains toujours pendantes, mangeant à même la louche que lui tient un autre prisonnier. Pilule presse le pas, il hoche la tête, sa décision est prise, il faut régler définitivement le cas Saïd.

« Un half-track du premier peloton a sauté sur une mine. Simple dégât matériel, une chenille pétée, un seul *pim* suffira. Toujours volontaire, Leguern ?

— Si vous le permettez, mon lieutenant, aujourd'hui ce sera moi.

— Dubois ? Bon, si ça peut vous faire plaisir.

— Alors là, chapeau, Dubois ! déclare Leguern réjoui. Il n'y a pas que des tapettes comme le Curé au quatrième peloton. Nous autres, on a des couilles au cul. »

Pilule se fait ouvrir l'enclos des *pims*. Il désigne Saïd qui le suit, impassible, salué au garde-à-vous par ses compagnons de captivité. L'un derrière l'autre, ils se dirigent vers le half-track. D'emblée, Pilule perçoit l'hostilité silencieuse de ses hommes. Il ne regarde personne, donne l'ordre du départ. Cobard met du temps à démarrer, il fait hurler les vitesses, accumule les fausses manœuvres. Pilule lui intime sèchement de ne pas faire le mariole. On passe la chicane côté Maroc, on contourne le Debbarth, la piste a été déminée ce matin, direction la frontière. Saïd est assis à l'arrière. Un homme lui propose une cigarette.

« Non, merci, je ne fume pas. »

Et des biscuits, est-ce que ça lui dirait ? La voix méridionale de Rodriguez recèle du défi. Saïd accepte. Et veut-il aussi du lait concentré en tube ? Ça, c'est Cobard qui ajoute :

« Il faut l'aider à manger, puisque Gégène lui a brisé les doigts ! »

Pilule ne commente pas, ne se retourne pas, il fume nerveusement. En vue de la frontière, il fait stopper, ordonne à l'équipage de ne pas bouger du véhicule, il accomplira seul la corvée. Saïd se lève. Au passage il crache au visage de Ben Amar et Arezki, sans que ceux-ci osent protester et sans qu'aucun des Français esquisse un geste. Saïd descend par l'arrière du half-track. Du canon de sa carabine Pilule lui fait signe de passer devant. Ils marchent ainsi en silence. Plus qu'une centaine de mètres avant le Maroc, Pilule se retourne. Les hommes sont tous debout dans le véhicule et les regardent.

« Hé ! Saïd, il t'a aussi torturé à l'électricité ?

— Oui, j'ai tout eu. Il était persuadé que j'étais le fell au fusil à lunette, mais je n'ai rien voulu lui avouer. Alors il m'a cassé les doigts un à un pour que je ne puisse plus jamais tirer, ni être maçon d'ailleurs.

— Peut-être que tu redeviendras footballeur. En tout cas, je m'en doutais que c'était toi parce qu'autrement, le fell il ne pouvait pas me louper.

— J'étais obligé de tirer, mais j'ai fait ce que toi tu avais dit : à côté.

— Alors moi, je ferai ce que tu as juré : je ne tirerai pas sur toi.

— Comment tu vas t'en sortir avec tes chefs ? Viens donc avec moi.

— Non, je préfère ne pas déserter. Ça y est, tu es libre.

— Merci, mon frère.

— D'abord je ne suis pas ton frère ! Je ne suis que ton beau-frère. Eh ben oui, patate, je suis au courant, même que Janine elle vient de te donner un beau petit Jean-Saïd, une fine équipe de sept livres. Il faut fêter ça. »

Et Pilule vida en l'air le chargeur de sa carabine.

Épilogue

Pilule fut dégradé, condamné à deux ans de prison. À l'issue de sa peine, il lui restait quinze mois de service à accomplir. Il les passa dans un bataillon disciplinaire, c'est-à-dire un bagne militaire du Sud saharien. Il ne rentra à Savigny-sur-Orge qu'à l'été 1960, quatre ans et trois mois après l'avoir quitté. Il se maria avec Geneviève, mais il ne parla jamais à personne de ce qu'il avait vécu en Algérie, même pas avec Saïd lorsqu'ils se revirent après le cessez-le-feu du 19 mars 1962.

DANIEL ZIMMERMANN

Daniel Zimmermann est né en 1935 dans une famille ouvrière et immigrée. Élève boursier, instituteur, il a soutenu deux doctorats et est devenu professeur d'université. En 1990, il a pris une retraite très anticipée afin de se consacrer pleinement à l'écriture. Daniel Zimmermann a publié une dizaine de romans, plusieurs recueils de nouvelles et une biographie d'Alexandre Dumas.

Table

Première partie

Sur le plateau de Savigny-sur-Orge

SECONDE PARTIE

SUR LES HAUTS PLATEAUX DE L'ORANAIS

Si vous avez aimé ce livre, vous aimerez aussi dans la collection Le Livre de Poche Jeunesse :

Les derniers jours de Pompéi
Edward Bulwer-Lytton
La tragédie, en 79 après J.-C., de l'éruption du Vésuve, raconté avec une formidable proximité.
12 ans et +
N°1102

L'espion de Bonaparte
Muriel Carminati
Mission secrète : transmettre un message à Napoléon pour organiser la guerre d' indépendance contre les Turcs car la Grèce aspire à la Révolte et pense que Napoléon peut l'y aider. Thomas, au côté de son oncle, joue les espions.
12 ans et +
N°636

La nourriture des anges
Muriel Carminati
République de Venise, 1635. Un jeune Lorrain, Nicolas, est d'abord apprenti pâtissier avant de découvrir la peinture.
12 ans et +
N°493
Prix du roman jeunesse 1993 du Ministère de la Jeunesse et des Sports

Le Roman du Masque de fer
D'après Alexandre Dumas
Louis XIV a-t-il eu un frère jumeau tenu prisonnier 36 ans sous un masque de fer ? Entre l'Histoire et la légende, le prisonnier masqué a pris de multiples visages.
12 ans et +
N° 1137

Une nièce de l'oncle Tom
Betsy Haynes
Traduit de l'américain par Anne Joba
En 1861, une jeune esclave noire de treize ans est vendue cinq cents dollars à un riche propriétaire. Mais elle se sent née pour être libre et rejoint ses frères dans leur combat.
12 ans et +
N°36

À la poursuite d'Olympe
Annie Jay
Pas facile, quand on est une jeune noble à la cour de Versailles, d'échapper à un père qui veut vous mettre au couvent.
11 ans et +
N°535

Les Compagnons de l'Ombre
Jean-Pierre Kerloc'h
Paris, 1941, Pierric rencontre dans les catacombes les Compagnons de l'Ombre, avec lesquels il va entrer dans la Résistance.
12 ans et +
N°677
Grand Prix des Lecteurs en 1990
Prix historique de la ville de Poitiers 1991
Livre d'or de la ville de Valenciennes 1992

Rebekah et le Nouveau Monde
Jackie French Koller
Traduit de l'américain par Daniela Bruneau
En 1633, Rebekah rejoint son père en Nouvelle-Angleterre. Leur mission : christianiser les Indiens.
12 ans et +
N°595

La battue de décembre
Jean-Côme Noguès
Hiver 1862. Les problèmes se succèdent pour Rémi : ses parents et la fille qu'il aime le délaissent, et voilà que des loups affamés l'attaquent.
11 ans et +
N°352